Katja Flohrer, Nicole Diez (Hg.)

lautstark 2

53 Songandachten
für Jugendliche

W0191646

Impressum

 Evangelisches
Jugendwerk in Württemberg

© 2. Auflage 2014 buch+musik, ejw-service gmbh Stuttgart

ISBN Buch 978-3-86687-094-9
ISBN E-Book 978-3-86687-120-5

Gestaltung und Satz: buch+musik, Fred Peper
Druck: freiburger graphische betriebe, Freiburg

Hinweis: Zur besseren Lesbarkeit schließen die männlichen
Sprachformen im Buch weibliche und männliche Personen ein.

Katja Flohrer, Nicole Diez (Hg.)

2

laut
stark

53 Songandachten
für Jugendliche

buch+
musik

Inhalt – Teil 1

Die Songandachten   13

Inhalt – Teil 2

Der Anhang 121

Vorwort

Wow! Wir sind überwältigt von der Resonanz des ersten Bandes von „lautstark". Danke für jede Rückmeldung, fürs Weitersagen, Werbung machen, fürs Kaufen und Verschenken.

Es ist großartig zu sehen, dass die Kombination von Musik und Verkündigung nicht nur unsere Leidenschaft ist, sondern in so vielen unterschiedlichen Settings zum Segen wird:

– Lehrer erzählen uns, dass sie „lautstark" im Reli-Unterricht einsetzen.

– Vorstände beginnen ihre Sitzungen mit einer „lautstark"-Andacht.

– Im Konfiunterricht dürfen sich die Jugendlichen ein Lied aussuchen und lesen dann selbst die Andacht dazu vor.

– Auf Freizeiten wird der Abendabschluss in der Mitarbeiterrunde mit „lautstark" gemacht.

– Jugendliche und junge Erwachsene schreiben uns und bedanken sich für das Buch, weil sie beim Lesen mit guten Gedanken beschenkt wurden.

Genügend gute Gründe also für „lautstark 2". Wir sind gespannt, welche Geschichten damit geschrieben werden.

Grüße und Segen,

Katja Flohrer   **Nicole Diez**

Praktische Tipps

Wie halte ich am besten die Liedandacht?

Vor der Andacht

Die Liedandachten in diesem Buch wurden so entwickelt, dass du sie so wie sie sind vorlesen und verwenden kannst.

Über den Andachten sind die Themen aufgeführt, die zeigen, um was es in der Andacht geht. Es lohnt sich, wenn du dir vorher überlegst, welches Thema für deine Gruppe passend ist. Vielleicht gibt es etwas, das euch sowieso gerade beschäftigt. Lies dir darum die Andacht durch, bevor du sie hältst.

Da die Andachten Bezug auf die jeweiligen Lieder nehmen, ist es gut, wenn du das dazugehörige Lied vor der Andacht abspielst.

Bitte mach das auf legalem Weg! Am besten ist es, wenn du das Lied entweder schon selbst als Original besitzt oder es dir bei itunes oder einem anderen Anbieter kaufst und herunter lädst.

Du kannst die Andacht entweder vorlesen oder sie ein Stück weit zu deiner Andacht machen, indem du sie frei vorträgst und ggf. noch ein bisschen veränderst.

Nach der Andacht

Wenn du möchtest, kannst du die Andacht mit einem Gebet abschließen. Nimm noch einmal das Thema der Andacht im Gebet auf.

Um einen Bogen herzustellen, lass noch einmal das Lied vom Anfang laufen. Dabei kann man noch einmal über das Gehörte nachdenken und das Lied und die Andacht auf sich wirken lassen.

Die Songandachten

Casper feat. Marteria

So perfekt

„Du und dieser Körperklaus. Sie, diese Mörderbraut." Sie, die so perfekt ist, ich, der nichts kann, nichts hinbekommt. Ich, der alleine zur Party geht und im Sport der bin, der als letztes in die Mannschaft gewählt wird. Die anderen, denen alles gelingt, die im Rampenlicht stehen, mit beiden Beinen im richtigen Takt. Und ich …?

Kennst du das Gefühl, der Loser zu sein? Ohne Mitstreiter, ohne Freunde? Es fühlt sich an, als müsstest du dich allein durch diese um uns herum schillernde Welt kämpfen? Den anderen gelingt scheinbar alles. Aber dir?

Die verpatzte Klassenarbeit, wegen der es zu Hause Stress gibt; die misslungene Sportübung in der Schule, nach der die komplette Klasse über dich lacht oder das versetzte Date, nach dem du dich einfach nur ungeliebt und ungewollt fühlst. Das sind drei von vielen Gründen des Unglücklichseins. Ich glaube, jedem fällt an dieser Stelle sein ganz persönliches Beispiel für dieses Gefühl ein.

Es scheint, als baue sich vor dir eine große, nicht zu durchdringende Mauer auf … Soll es das gewesen sein? Dein „schillerndes" Leben? Nein, sicher nicht! Denn nur wer resigniert, zum Stillstand kommt, bleibt vor dieser Mauer stehen. Du aber, du kannst mehr! „Sitzt in deinem Monster- truck, sonnenbrandgebräunt, rollst los. Hansdampf, rammst alles weg, mit dem Kopf durch die Wand."

Ich glaube, es hängt viel von deiner persönlichen Einstellung und deiner Sichtweise ab – ist das Glas halbleer, oder ist es nicht vielmehr halbvoll? Siehst du nur das Schlechte in einer Sache oder auch das Gute, das Po- sitive, das vielleicht daraus entstehen kann? Du selbst kannst den Zeit- punkt bestimmen, den Moment, wann die „Fastenzeit" vorbei ist. Wann du die Mauer des Trübsinns, der Trauer des Einsamseins überwindest. Natürlich, niemand sagt, dass das einfach ist, aber es ist machbar! Dein Glaube hilft dir dabei! Dein Glaube an dich, der Glaube an dein Leben, der Glaube an Gott.

Es wird immer Höhen und Tiefen in einem, in deinem Leben geben. Manche dieser Tiefen dauern etwas länger als nur einen Tag! Aber ich glaube, es kommen wieder andere Tage! „Wenn du mit der Königin die Fläche verlässt, sag dir, diese Welt ist perfekt."

Und wer definiert überhaupt dein „perfekt"? Lässt du es dir von anderen auferlegen, dir sagen, dass dein Leben so oder so zu verlaufen hat, du dies oder jenes zu tun oder zu lassen hast, du jene Klamottenmarke tragen musst, damit es perfekt ist? Oder entscheidest du selbst? „Sag dir, diese Welt ist perfekt!" Sag dir, deine Welt ist perfekt. Sag dir, du bist perfekt! Du selbst hast es mit in der Hand, wie deine Welt für dich perfekt wird!

Werde dir bewusst, ob du nur der „Körperklaus" für die anderen bist oder aber zu dem stehst, was du hast und wer du bist! Vielleicht steht sie, „die Mörderbraut", ja drauf?

Ganz egal ob du Junge oder Mädchen bist, lass dich nicht zum „Körperklaus" machen! Und vielleicht stehen ja noch viel mehr Menschen darauf, wie du bist, was du kannst, wer du bist! Nur trauen sie sich vielleicht genau so wenig wie du, dazu zu stehen?!

Ich glaube, einer steht auf jeden Fall auf dich! Der, der dich geschaffen hat!

René Böckle
Jugendreferent in der Evangelischen
Jugend Stuttgart und DJ
www.dj-faith.com

Coldplay

Paradise

Sonne, weißer Sandstrand, Palmen und kristallklares Wasser – so stellt sich wahrscheinlich jeder im ersten Moment das Paradies vor.

Die Jungs von Coldplay singen in ihrem Song aber nicht von einem solchen Paradies. Ganz im Gegenteil. Sie erzählen von einem Mädchen, das sich ihr Leben früher ganz anders und leichter vorgestellt hatte und nun merken muss, dass ihr Leben ganz und gar nicht nach Plan verläuft und sie die Kontrolle darüber völlig verloren hat. Sie befindet sich mitten in einem heftigen Sturm.

Vielleicht befindest du dich auch in einem Sturm, bist total gestresst und entkräftet von Schule, Beruf, Verpflichtungen, Problemen in der Familie oder im Freundeskreis. Vielleicht hast du mit einer Krankheit zu kämpfen oder kämpfst um andere Menschen. Jeder Tag fühlt sich so unfassbar anstrengend an. Du sitzt in einem ziemlich tiefen Loch und weißt nicht, wie du da wieder rauskommen sollst. Alles bricht über dir zusammen – der Himmel über dir ist einfach nur schwarz.

Es gibt nun zwei Möglichkeiten. Du kannst in deinem „Sterbe-Loch" sitzen bleiben, pessimistisch sein und einfach immer weiter von neuen Problemen zugeschüttet werden (wie die Giraffe Melman aus „Madagascar"). Oder du kannst es dem Mädchen aus dem Song von Coldplay gleichtun:

Sobald die Stürme des Lebens über ihr zusammenbrechen, macht sie die Augen zu und träumt sich davon – träumt vom Paradies. Und sie glaubt fest daran, dass die Sonne scheint, wenn sie die Augen wieder aufmacht. Trotz all ihrer Probleme bleibt sie zuversichtlich.

Zuversicht und Hoffnung können mehr bewirken, als du glaubst. Vielleicht kannst du in den nächsten Tagen versuchen, dir in deinem ganzen Alltagsstress immer wieder „kleine Paradiese" zu schaffen.

Nein, du musst jetzt nicht jeden zweiten Tag in die Karibik fliegen. Nimm dir einfach Zeit für dich und schalte mal ab. Eine Tasse Kaffee und deine Lieblings-CD, ein aufbauendes Telefonat mit einem lieben Menschen (ja, man darf auch mal andere Leute vollheulen und sich alles von der Seele reden!), ein heißes Bad mit Verwöhn-Aroma, ein Sonnenuntergangs-Spaziergang, Wolken anstarren, im Gras liegen, Sterne zählen, Däumchen drehen, deine Katze ärgern (wenn dich das glücklich macht), die Augen schließen und vom Paradies träumen ...

Du wirst sehen, es macht einen Unterschied. Aus der Welt geschafft sind deine Probleme dann natürlich nicht, aber es wird dir besser gehen und ein Feuer in dir entfachen, das dich weiter antreibt. Und das zählt.

Jesus hat uns das Paradies versprochen. Und damit ist nicht nur das himmlische Paradies gemeint. Er holt dich auch im Alltag ab, wenn du ihn um Hilfe bittest. Er will dir so gerne deine ganze Last von den Schultern nehmen, den ganzen Stress und alles, was dich runterzieht.

Jesus möchte uns jeden Tag ein Stückchen Paradies auf Erden geben. Klar, es ist leicht, das „von da oben" (sprich, aus dem Himmel bzw. Paradies) zu sagen – wo wir manchmal denken, dass alles aus rosa Wolken, Plüsch und Zuckerwatte besteht und sich alle lieb haben. Aber Jesus weiß genau, wie es hier auf der Erde ist und wie schwer das Leben sein kann, denn er hat es selbst als Mensch durchlebt.

Deshalb kann Jesus uns so gut verstehen und ist für uns da. Er ist auch für dich da.

Lea Braun
Musikinformatik-Studentin aus Karlsruhe
Lea and the Brownies
www.leaandthebrownies.de

Passenger

All the little lights

Das Bild in Passengers Song „All the little lights" ist toll! Mike Rosenberg, der Sänger, geht davon aus, dass wir alle mit Millionen von kleinen Lichtern in unseren Herzen geboren werden. Millionen kleine Lichter, die uns den Weg durch die Dunkelheit unserer Welt zeigen. Im Prinzip kann man diese kleinen Lichter mit Hoffnung gleichsetzen. Hoffnung hat jeder von uns – stelle dir einmal vor, deine Hoffnung besteht aus lauter kleinen Lichtern.

Ein Herz voller kleiner Lichter. Passenger beschreibt in seinem Song, wie viele dieser kleinen Lichter in seinem Leben ausgegangen sind. Das passiert bei ganz unterschiedlichen Situationen: Einmal belügt er seine Mutter. Zack – eines dieser kleinen Lichter geht aus. Eines geht aus, als er von zuhause auszieht und seine gewohnte Umgebung verlässt. Eines, als sein Onkel die Diagnose Krebs bekommt. Licht aus – ein Stück Hoffnung weg. Und er singt davon, dass diese Lichter einmal alle aus sein werden und wir dann im Dunklen und Kalten dieser Welt stehen bleiben. Ohne Licht – ohne Hoffnung.

Kennst du das? Das Gefühl, wenn etwas Schwieriges passiert ist, es dunkler um dich herum wird? Dass jede Enttäuschung im Leben das Licht der Hoffnung in dir etwas verdunkelt? Dass bei allen Dingen, die uns so Tag für Tag passieren, immer wieder kleine Lichter in dir ausgehen?

Auch Jesus benutzte dieses Bild vom Licht. Eines der berühmten Ich-bin-Worte von ihm lautet: „Ich bin das Licht dieser Welt. Wer mir folgt, tappt nicht mehr im Dunkeln. Er wird das Licht des Lebens haben." (Johannes 8,12) Das ist ein starker Satz. Ein Satz, der dir Hoffnung machen soll. Jesus ist das große und starke Licht in dieser manchmal kalten und dunklen Welt. Ein Licht, das nicht ausgeht. Eines, das immer scheint. Auch dann, wenn wieder eines dieser Hoffnungslichter in uns verloschen ist. Jesus fordert uns auf, ihm zu folgen, auf ihn zu hören, zu ihm zu kommen und uns von seinem Licht wieder anstecken zu lassen.

Hoffnung ist etwas enorm Wichtiges. Und ganz oft, wenn man denkt, es ist hoffnungslos und dunkel, dann keimt von irgendwo wieder ein Funke Hoffnung auf. Passenger singt: „One lights up, every time you feel love in your heart" – jedes Mal, wenn du Liebe in dir spürst, geht eines dieser Hoffnungslichter in deinem Leben wieder an. Jesus ist diese Liebe. Er hat sich für dich und all deine dunklen Situationen ans Kreuz nageln lassen. Er ist es, der dir mit Liebe begegnet. Auch dann, wenn du kaum mehr brennende Lichter in dir trägst.

Worauf wartest du noch? Geh zu Jesus und lass dein Licht neu entfachen. Und mit diesem neuen Licht der Hoffnung und Liebe in dir geh weiter und werde zum Licht für andere. Dank Jesus und seinem Licht des Lebens werden wir nie wieder im Dunkeln sitzen.

Floh Maier
Landesreferent für Social Media
und Öffentlichkeitsarbeit
im Evangelischen Jugendwerk
in Württemberg

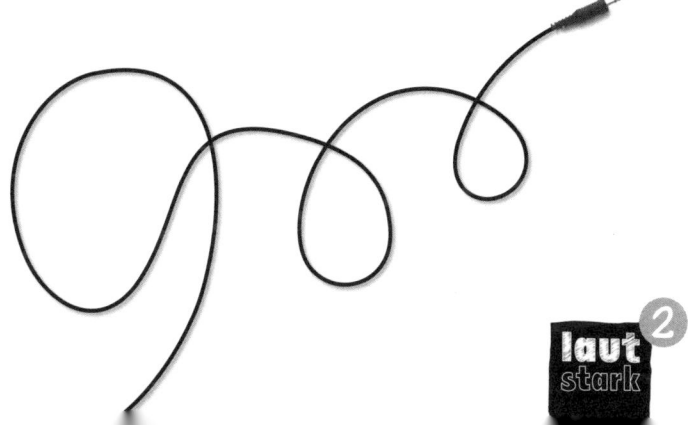

Mumford & Sons

Little lion man

„You'll never be what is in your heart" – das ist eine ziemlich bittere Selbsterkenntnis zu Beginn des Liedes, aber leider häufig die Wirklichkeit. Wir schaffen es nicht immer, so zu sein, wie unser Herz das möchte. Manchmal hindern uns Lebensumstände daran, aber manchmal versauen wir die Dinge selbst.

„I really fucked it up this time" singt Marcus Mumford im Refrain. Seine Partnerin hat ihn verlassen und er erkennt, dass er selbst schuld daran ist.

Das gehört zu den schwierigsten Erfahrungen im Leben: festzustellen, dass man Fehler gemacht hat, vielleicht auch schwerwiegende Fehler, die sich nicht mehr korrigieren lassen. Obwohl man es gerne anders gemacht hätte, es aber nicht besser hinbekommen hat. Obowhl man es gerne korrigieren würde, dies aber nicht mehr möglich ist. Wie komme ich damit klar?

Aus der Bibel lernen wir, dass der Mensch nicht perfekt ist. Wir wollen das Gute, tun aber das Böse. (Galater 5,17) Und wir sehen, dass Gott von uns Menschen nicht erwartet, fehlerfrei zu sein. Viele der „großen" Personen in der Bibel haben Dinge versaut. Richtig versaut.

Schauen wir uns Mose an: Bevor Gott ihn dazu berufen hat, Israel aus Ägypten zu befreien, hat er einen Menschen umgebracht. Das lässt sich nicht mehr korrigieren.

Oder Petrus: Nachdem er drei Jahre als Jünger mit Jesus unterwegs war, hat er mehrfach bewusst gelogen und behauptet, er kenne diesen Jesus gar nicht. Und obwohl Jesus vorher schon wusste, dass Petrus ihn verleugnen würde, hat seine Beziehung zu ihm nicht aufgehört;

mehr noch: Am Ende übergibt er Petrus die Verantwortung für seine ganze Gemeinde.

Gott sagt, das Erkennen und Bereuen der Fehler ist der wichtige Punkt: „Doch wenn wir unsere Sünden bekennen, erweist Gott sich als treu und gerecht: Er vergibt uns unsere Sünden und reinigt uns von allem Unrecht, das wir begangen haben." (1. Johannes 1,9)

Das bedeutet zum einen, dass wir nicht unser ganzes Leben lang mit begangenen Fehlern leben müssen, sondern dass Gott uns davon befreit; und zum anderen, dass Gottes Beziehung mit uns nicht aufhört. Er ist treu und gerecht. Auch wenn wir uns durch eigene Schuld einen Weg verbaut haben, dann wird Gott einen anderen Weg mit uns gehen, denn Gott möchte Gutes für uns: „Aber meine Gnade soll nicht von dir weichen, und der Bund meines Friedens soll nicht hinfallen, spricht der Herr, dein Erbarmer." (Jesaja 54,10)

Für uns bedeutet das: Fehler sind im Leben leider nicht vermeidbar. Auch schwere Fehler, die sich nicht mehr hinbiegen lassen, wie hier bei Little Lion Man. Gottes Verheißung und Zusage aber helfen, dass unser Leben trotzdem sinnvoll weitergehen kann; wir an unseren Fehlern wachsen und reifen können; unser Scheitern kein Grund zum Verzweifeln ist, sondern wir immer wieder Mut haben aufzustehen im Wissen, dass Gott weiterhin mit uns geht und Gutes für uns möchte.

Heiko Koengeter
Gitarrist, Produzent
www.believing.de

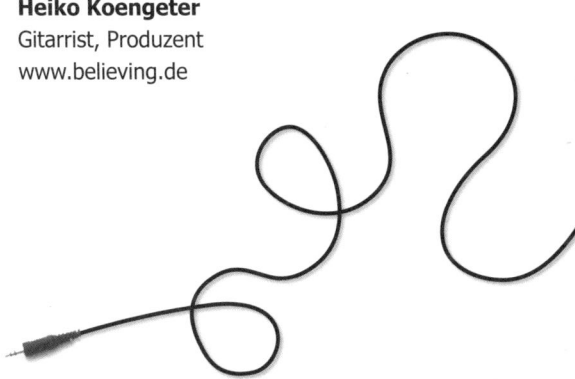

Cro

Du

Wünsch dir was!
Wünsche sind toll. Jeder hat sie und in Gedanken malen wir uns oft schon aus, was wäre, wenn ... Einige der Wünsche sind ganz handfest und drehen sich z. B. um Konsolenspiele, ein neues Handy oder den neuen I-Pod. Bei anderen Wünschen geht es mehr um Erlebnisse, von denen wir träumen.

Vielleicht geht es dir ein wenig wie Jan. Alles ist normal, jeden Morgen muss er aufstehen und zur Schule gehen. Er ist in der 8. Klasse. Irgendwie nervt ihn aber die Schule und so wünscht er sich, einfach frei zu sein, mit seinen Freunden abzuhängen und die Sonne zu genießen.

Oder kommt dir eher der Alltag von Sara bekannt vor? Sie ist in der 7. Klasse. Dort fühlt sie sich aber ganz allein. Ihr fehlt eine wirklich gute Freundin. Es wäre einfach schön, wenn jemand sich für sie interessieren würde. So träumt sie von einer besten Freundin, mit der sie Spaß haben kann, und die auch das weiß, was die Eltern nicht wissen dürfen.

So ähnlich besingt auch Cro die Wünsche von einer Freundin: „ ... sie würde gern ans Meer, mal wieder weg von hier, ist egal wohin, einfach weit weit weg und der Stress bleibt hier ... "
Was wünschst du dir? Welchen Wunsch würdest du Gott sagen, wenn er dich fragen würde?

Es gibt eine Situation, in der genau das passiert: „Einmal kam Jesus auf seiner Wanderung an zwei Blinden vorbei, welche ihm riefen. Sie hatten davon gehört, dass er jemand ganz besonderes ist. Als Jesus sie hörte, blieb er stehen, ging auf sie zu und fragte sie: „Was wollt ihr, dass ich euch tue?"" (Matthäus 20,29ff)

Eigentlich ist doch klar, was sie sich wirklich wünschen. Zumindest wäre es mir klar und so eine Frage ist darum doch überflüssig! Von Jesus erwarte ich doch, dass er selbst sieht, was nötig ist! Und dann schnell und entschieden handelt. Doch beim zweiten Hinsehen fällt noch etwas anderes auf. Durch die Frage wird die Situation plötzlich verändert. Jesus ist nicht mehr der, welcher einfach von sich aus einen Wunsch erfüllt. Sondern er wendet sich den Beiden zu. Sie sind ihm so wichtig, dass er sie anspricht und von ihnen selbst hören möchte, was ihr Wunsch ist. So entsteht ein Gespräch und das wird der Beginn einer besonderen Freundschaft.

Jesus möchte nicht einfach nur die Wünsche hören und dann ist alles abgehakt. Es geht ihm um jeden Einzelnen. Damals um die Beiden und heute um dich. Er interessiert sich wirklich für dich. Du bist ihm wichtig und er möchte dich besser kennenlernen. Er möchte von dir selbst hören, was dein Wunsch ist, was dich bewegt und was dir wichtig ist. Wenn du ihm das erzählst, ist er mehr als der Ort, an dem du deine Wünsche deponierst. Wie bei den Beiden kann es der Beginn einer besonderen Freundschaft sein. Die Freundschaft mit dem Sohn Gottes. Etwas ganz Besonderes.

Was wünschst du dir?

Sag es ihm, so als wenn du mit einem Freund reden würdest. Lass dich überraschen, was nun passiert. Damit du dich daran erinnerst, kannst du dir einen Knoten ins Taschentuch machen, dir selbst eine E-Mail schreiben oder einen Post-it-Zettel über deinen Schreibtisch hängen. So wirst du in kurzer Zeit noch einmal daran erinnert und vielleicht wirst du überrascht sein, was passiert ist.

Wenn du Lust hast, kannst du die Geschichte in Matthäus 20,29ff noch einmal nachlesen.

Martin Pfeifer
Jugendreferent und Coach
aus Basel

Max Herre feat. Philipp Poisel

Wolke 7

Verzweifelt und allein. Viele Fragen und zu wenige Antworten. Was soll dieser „Sinn und Unsinn des Lebens". Mal „Kopf in den Wolken", dann wieder „Kopf im Sand". Da sind so viele Ansprüche an mich. Ich will etwas erreichen. Ich will es zu etwas bringen. Ich will diesen eigenen Ansprüchen gerecht werden. Doch das ist so schwer. „Der Mann oder die Frau in deinem Spiegel treibt dich vor sich her und macht dich müde." Dabei bleibe ich selbst auf der Strecke. Das Leben ist nicht so, wie ich es mir vorstelle. „Falscher Stolz, Eitelkeit. Dein Leben, doch für das Leben keine Zeit." Ein Leben zwischen Albtraum und Wolke 7.

Da hilft nur, die Augen zu schließen. Die Augen vor den Fragen und Zweifeln zu verschließen, um kurz zur Ruhe zu kommen. Vielleicht ist ja alles besser, wenn die Augen wieder aufgehen. Vielleicht sind es dann weniger Fragen. Vielleicht kann ich mich dann besser aushalten.

Kennst du solche Gedanken? Alles dreht sich um dich, um dein Leben und du findest in dir keinen Ausweg aus diesem Gedankenstrudel. Du bist in dir und mit dir gefangen. Es ist wie ein Fluch, ein Albtraum auf Wolke 7. Das Leben selbst macht keinen Sinn. Du wünschst dich weg, woanders hin. Bloß weg von hier, weg von den Fragen und Zweifeln. Du wünschst dir, jemand anderes zu sein, in der Hoffnung, dass es dann leichter wird. Es ist so, als würdest du in einem Ruderboot sitzen und nur auf einer Seite rudern. Du strengst dich an, aber es geht nicht voran. Es dreht sich nur im Kreis. Wo ist der Ausweg aus diesem Kreislauf? Was hilft dagegen? Augen schließen und hoffen, dass es gleich vorbei ist?

„Ich schließe die Augen vor all diesen Fragen.
Ich bin müde vom Zweifeln nach all diesen Tagen."

Eine Antwort finden Max Herre und Philipp Poisel nicht in ihrem Lied. Sie bleiben allein mit ihrem Albtraum auf Wolke 7. Doch war es das? Ist das Leben ein Albtraum auf Wolke 7?

Wenn wir nur auf uns schauen, ist es das tatsächlich. Doch das Verrückte ist, dass unser Leben einen Sinn bekommt, wenn wir von uns weg sehen. Wenn wir aufhören, uns um uns selbst zu drehen. Es hilft, sich zu ihm zu drehen und auf ihn zu sehen. Gott ist da. Ihn gibt es wirklich. An ihn darfst du dich wenden. Er hört dich, wenn du ihm deine Fragen und deine Zweifel nennst. Er hört dir zu und er verändert dein Leben. Er schafft das, was du selbst nicht schaffen kannst. Er zieht dich raus aus diesem Strudel. Er hilft dir. Probier es aus.

„Schließ einfach die Augen, sag ihm all deine Fragen.
Du musst deine Zweifel nicht alleine ertragen.
Also schließ deine Augen, du darfst an ihn glauben.
Er hilft dir zu leben und das Leben zu lieben.
Hier auf Wolke 7."

Hebräer 4,16: „Wir wollen also voll Zuversicht vor den Thron unseres gnädigen Gottes treten, damit er uns sein Erbarmen schenkt und uns seine Gnade erfahren lässt und wir zur rechten Zeit die Hilfe bekommen, die wir brauchen."

Denis Werth
Sportlicher Jugendevangelist
im CVJM-Westbund

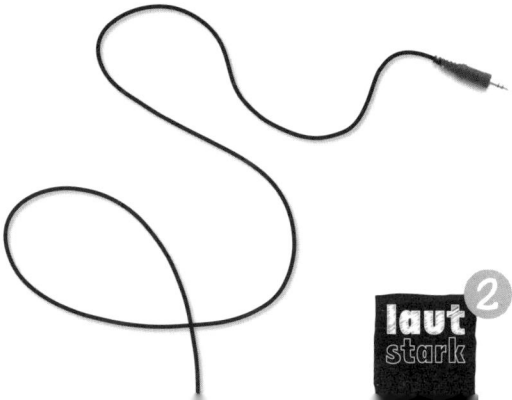

Pur

Bitte, lieber Gott

Giftgasanschlag in Syrien: Mindestens 1.300 Tote, darunter viele Kinder. Tsunami in Asien 2004: Durch die Folgen sterben mindestens 230.000 Menschen. Beim Amoklauf in Winnenden bringt ein Schüler 15 Menschen um. In einem Dorf wird ein kleines Kind vom LKW erfasst und stirbt.

Schreckensmeldungen, die wir aus den Medien kennen. Sie rütteln uns auf, sie lassen uns aufhorchen. Sie bewirken in uns ein beklemmendes Gefühl: Was wäre, wenn ich jetzt dabei gewesen wäre? Warum musste das passieren? Hätte man das nicht verhindern können? Wo ist Gott, wenn man ihn braucht?

Es ist ein interessantes Phänomen, dass nach großen Katastrophen die Zahl der Gottesdienstbesucher wieder ansteigt. Die Menschen möchten eine Antwort auf die Frage: Warum? Weshalb? Darum soll es in dieser Andacht gehen.

Wir stellen uns Gott meist als den lieben alten Mann vor, der im Himmel sitzt, alles weiß und sieht und keiner Fliege etwas zu Leide tun könnte. Warum verhindert der liebe Gott nicht das Leid?

Die Frage auf das „Warum" ist schwer zu beantworten. Vielleicht kennst du das, wenn du jemanden trösten willst. Dann liegt dir vielleicht der Satz auf den Lippen: „Das ist doch nicht so schlimm. Warte mal ab, später lachst du darüber." Viele Menschen können nach einer Lebenskrise sagen, dass sie dadurch vieles gelernt haben. Aber nicht alle. Deshalb ist es schwierig, so etwas im Voraus zu sagen. Leid und Trauer können eben auch im Rückblick manchmal sinnlos erscheinen.

Also was tun? Im Lied heißt es, dass Gott versucht hat, den „Fehler" der menschlichen Freiheit wieder auszugleichen. Dass dies ein „Fehler" war, ist die Interpretation von Hartmut Engler von Pur. Fakt ist, dass Gott uns Hilfe geschickt hat, mit der wir Leid überwinden können.

Das war nämlich vor 2.000 Jahren. Da schickte Gott seinen Sohn Jesus zu uns Menschen auf die Erde. Am Kreuz musste er qualvoll leiden und sterben. Auch schon davor war sein Leben geprägt von Demut und Nächstenliebe zu den Menschen. Er litt am Kreuz aus Liebe zu uns. Aber sein Leiden ist bis heute nicht beendet, denn er leidet immer noch mit allen Trauernden und mit allen Menschen, die nach dem „Warum" fragen. Gott ist ein Gott, der mit-leidet, wenn Unglück und Trauer in der Welt sind. Vielleicht ganz bildlich gesprochen: Er ist MIT dem Leidenden. Er gibt keinen billigen Trost, sondern ist dabei, steht zur Seite. Warum verhindert Gott das Leid nicht? Vielleicht, weil er dadurch die Freiheit von uns Menschen einschränken würde oder weil das Leid zum Leben in der Welt dazugehört, im Vergleich zum Reich Gottes, wo „Gott abwischen wird alle Tränen von den Augen" (Offenbarung 21,4).

Vielleicht gibt es noch eine Möglichkeit, was wir Menschen tun können, anstatt nur still das Leid zu beobachten: Schauen wir nochmal kurz auf Jesus. Kurz vor seiner Verhaftung und Kreuzigung zieht sich Jesus im Garten Gethsemane zurück, um zu beten (vgl. Lukas 22,39ff).

Wir Menschen können Gott darum bitten, dass wir seine Nähe in solchen Situationen spüren, Trost erfahren und vielleicht irgendwann einmal den Sinn erfahren dürfen. Genauso wie Pur und die Kinder im Lied singen: „Bitte lieber Gott und Frieden auf Erden, lass sie nicht hängen und schenk diesem Ganzen den Sinn." Amen.

Lukas Golder
Theologiestudent
aus Tübingen

Calvin Harris feat. Florence Welch

Sweet nothing

„So I put my faith in something unknown.
I'm living on such sweet nothing."

Christen sind von außen betrachtet ein ulkiges Völkchen. Sie glauben an Jesus und all sowas. Das ist an sich ja keine schlechte Idee, aber doch seltsam: Jesus kann man nicht sehen, und dennoch kann man anscheinend an ihn glauben. Diskutiert man mit Christen über dieses Thema, erzählen sie fast immer eine persönliche Geschichte, die sie mit Jesus erlebt haben.

Meistens sind sie schon mit dem christlichen Glauben groß geworden: Für sie war Jesus seit der Kindheit Teil ihres Lebens. Erstaunlich oft gibt es jedoch auch Leute, deren Geschichte mit Jesus an einem persönlichen Tiefpunkt beginnt: in einer ganz besonders schlimmen Lebensphase, bei einer Trennung oder dem Verlust eines lieben Menschen, in Krankheit oder in stressigen Prüfungsphasen.

Wirft man einen Blick in die Bibel, wird schnell klar, dass Jesus schon immer ein Herz für Leute hatte, die in Schwierigkeiten stecken oder sogar an ihm zweifeln. Der berühmteste Zweifler der Bibel ist der ungläubige Thomas. Er war ein Freund von Jesus und hat ihn sehr lange begleitet, bis dieser am Kreuz starb. Thomas stürzte nach dem Tod seines Freundes in ein tiefes Loch aus Verzweiflung und Angst. Als der Rest der Jesus-Clique ein paar Tage später bei ihm auftauchte und ihm ernsthaft weismachen wollte, dass Jesus noch lebt, fasste sich Thomas nur an die Stirn. „So ein Gelaber", hat er sich vielleicht gedacht. Er konnte nicht glauben, dass Jesus tatsächlich leben soll, ohne ihn mit eigenen Augen gesehen oder mit den eigenen Händen berührt zu haben. Tatsächlich begegnete ihm Jesus kurze Zeit später persönlich.

Als Thomas ihn erkannte, sagte er zu ihm: „Mein Herr und mein Gott!" Jesus antwortete ihm: „Weil du mich gesehen hast, Thomas, darum glaubst du. Selig sind, die nicht sehen und doch glauben!"

Nicht sehen und doch glauben. Eine ganz schön herausfordernde Aussage von Jesus. Wie kann man das schaffen? Zuerst einmal: Es ist nichts, was wir von uns aus erzeugen können. Im Prinzip geht es beim Glauben um eine persönliche Ebene mit Jesus, um eine Beziehung. Du kennst das: Freundschaften und Beziehungen entstehen nicht auf Knopfdruck, sondern durch gemeinsam verbrachte Zeit, coole Erlebnisse, gute Gespräche. Du wirst Jesus nicht unbedingt in kühlen Kirchengebäuden kennen lernen, sondern in deinem täglichen Leben. Dazu gehören gute wie schlechte Zeiten. Echte Freunde lernst du dann erst richtig kennen und schätzen, wenn sie gerade in Krisensituationen zu dir stehen. Genau das will Gott für dich tun. Der Pfarrer Arno Pötzsch hat mal gesagt, dass man niemals tiefer fallen kann als in Gottes Hand.

Wie wäre es, wenn du es einfach mal darauf ankommen lässt und dich Jesus anvertraust, wenn's dir dreckig geht? Ihn um Hilfe und Beistand bittest und um seine Nähe? Wenn du ihn lässt, wird aus dem unsichtbaren und unbekannten Jesus jemand, der in deinem Leben sichtbare Spuren hinterlässt und zum Freund geworden ist. Der dich trägt, in guten wie in schlechten Zeiten.

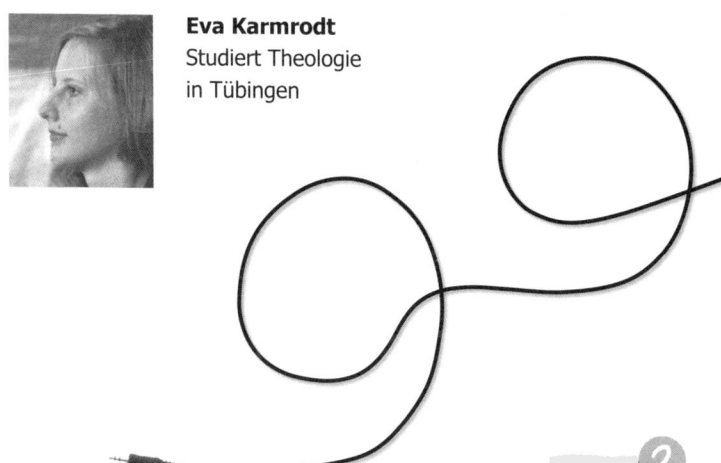

Eva Karmrodt
Studiert Theologie
in Tübingen

2

Ich+Ich

Stark

Du musst stark sein! Kämpfen! Zeigen, was in dir steckt! Wer möchte schon zu denen gezählt werden, die ihr Leben nicht auf die Reihe kriegen und immer auf die Nase fallen und freiwillig sagen: „Ich wünschte, mein Leben wäre ein Chaos. Ich wünschte, ich wisse nicht, wo ich hingehöre, ich wäre gerne so völlig verwirrt, dass ich mein Mobiliar zertrümmern würde."

Der Songwriter lässt uns ein kleines bisschen hinter seine Kulissen schauen, er zieht den Vorhang ein Stück zurück und nimmt uns mit in sein Leben hinein, um uns zu zeigen, dass hinter der Fassade bei Weitem nicht alles so rosig aussieht, wie man auf den ersten Blick von außen meinen könnte. Depression, Eifersucht, Sinn- und Ziellosigkeit, Feigheit, – in seinem Leben herrscht das blanke Chaos und er ist ehrlich genug, um zu sagen: „Hey, schau mal her, ich hab nicht alles im Griff, nur weil ich auf einer Bühne stehe und meine Lieder singe. In meinem Leben herrscht das blanke Chaos – genau wie bei dir auch."

Letztendlich herrscht dieses Chaos auch in unserem Leben. Und wenn wir ehrlich sind, haben wir eigentlich die gleichen Probleme wie der Songwriter. Für welches Wahlfach soll ich mich denn entscheiden, wenn ich noch gar nicht weiß, was ich nach der Schule machen will? Was ist, wenn ich mich für das Falsche entscheide? Wie soll ich damit umgehen, wenn andere mich wegen meines Aussehens immer fertig machen? Wie soll es weitergehen, wenn ich weiterhin so schlechte Noten schreibe? Warum hat mein Freund, bzw. meine Freundin mich sitzen gelassen? Und warum hat diese Zicke schon wieder ein neues Paar Schuhe? Mir wird das alles zu viel, mein Leben macht keinen Sinn, was mache ich überhaupt hier?

Wir verstecken uns gerne hinter dieser Fassade und vermitteln nach außen den Eindruck, dass in unserem Leben alles glatt läuft. Wir wollen andere glauben lassen, dass wir überhaupt keine Probleme haben oder sie so gut im Griff haben, dass sie uns überhaupt nicht mehr zusetzen.

Jesus sieht hinter diese Fassade und weiß, dass das Leben kein Ponyhof ist. Darum sagt er: „Ich habe euch das alles gesagt, damit ihr in mir Frieden habt. In der Welt werdet ihr hart bedrängt. Doch ihr braucht euch nicht zu fürchten: Ich habe die Welt besiegt." (Johannes 16,33)

Wir können uns ganz auf Jesus verlassen, der ganz Mensch und ganz Gott ist. Als Mensch hat er all diese Dinge selbst erlebt und sie erfolgreich überwunden. Die gleiche Kraft, durch die Jesus diese Dinge überwunden hat, lebt auch in uns, wenn wir ihm vertrauen!

Der Apostel Paulus bringt das nochmal genau auf den Punkt: „Daher will ich nun mit größter Freude und mehr als alles andere meine Schwachheiten rühmen, weil dann die Kraft von Christus in mir wohnt ... Denn gerade dann, wenn ich schwach bin, bin ich stark." (2. Korinther 12,9–10)

Wenn Jesus mit einem Typ Mensch nichts anfangen kann, dann ist es der Mensch, der meint, dass er alleine im Leben klar kommt und Jesus nicht braucht. Jesus kann mit schwachen, kaputten Menschen etwas anfangen, deren Leben ohne ihn keinen Sinn macht und die deshalb alles von ihm erwarten.

Ist es also cool, schwach zu sein? Absolut! Denn es gibt nichts cooleres, als Jesu Kraft zu haben und Veränderung in seinem Chaos zu erfahren. Da, wo er ist, da wird mein Chaos in etwas Gutes verändert!

Jürgen Rittinger
Produzent und Musiker
www.chasingflame.com
u. a. Bassist bei FOR ME AND MY SONS und
Lea & the Brownies

Taio Cruz

World in our hands

Es ist schon ziemlich crazy, was wir Menschen alles schaffen können, wenn wir es nur wollen. Wir können Türme bauen, die fast bis in den Himmel reichen und wir können uns kilometerweit in die Erde graben. Wir können in wenigen Stunden um die Welt fliegen und sogar auf dem Mond landen. Wir können Marathon laufen und stundenlang schwimmen. Wir können den Mount Everest besteigen und Wüsten durchqueren. Das menschliche Gehirn ist tausendmal komplexer als der größte Superrechner dieser Erde und wir können als einzige Lebewesen dieser Erde lieben, lachen und weinen. Wir können träumen. Es scheint so, als könnte uns nichts aufhalten. Es scheint so, als hätten wir die Welt in unserer Hand! „We've got the world in our hands!"

Doch auf den zweiten Blick sieht vieles anders aus. Wir bekriegen uns und leiden Hunger. Wir kämpfen mit den Katastrophen dieser Welt und sind doch nur ein Spielball der Natur. Wir träumen groß und scheitern. Du und ich, wir lieben und werden enttäuscht. Wir geben und werden verletzt. Du und ich, wir leben und plötzlich wird ein Familienmitglied oder ein Freund schwer krank. Wir planen und es kommt völlig anders. Und dann stehen wir da. Am Ende unserer Kräfte. Dabei hatten wir doch gedacht, dass wir alles im Griff haben, dass wir stark sind und dass uns so schnell nichts aus dem Sattel wirft ... Und wir stellen fest, dass wir unsere Welt so gar nicht in der Hand haben.

Genau das wusste auch schon der Prophet Jesaja, vermutlich aus eigener Erfahrung. Denn er schreibt in der Bibel: „Selbst junge Leute werden kraftlos und die Stärksten erlahmen" (Jesaja 40,30). Zugegeben, das hört sich alles andere als ermutigend an. Wäre da nicht noch ein großes ABER.

Jesaja schreibt weiter: „ABER alle, die auf Gott vertrauen, bekommen immer wieder neue Kraft. Es wachsen ihnen Flügel wie dem Adler. Sie gehen und werden nicht müde, sie laufen und brechen nicht zusammen."

Das hört sich doch unglaublich gut an! Wir Menschen werden früher oder später alle in Situationen im Leben kommen, die uns überfordern und uns an den Rand unserer Kraft bringen. Da ist es doch überragend zu wissen, dass – wenn du dich entscheidest, dem Gott zu vertrauen, der dich liebt und mit dir leben will – es nicht mehr auf deine Kraft ankommt, sondern auf Gottes Kraft. Gott hat dir in dieser Bibelstelle versprochen, dass er bei dir ist, sein wird und dir seine Kraft geben wird. Nicht mehr du musst deine Welt in der Hand haben, sondern Gott hält deine Welt in seiner Hand. Du musst nicht mehr versuchen, aus eigener Kraft dein Leben auf die Reihe zu bekommen, sondern Gott will dir dabei helfen. Die Frage ist nur: Vertraust du Gott?

„Nichts ist unmöglich, weil der, der bei mir ist, mich stark macht!"
(Philliper 4,13)

Flo Stielper
Sänger bei Good Weather Forecast
www.goodweatherforecast.de

Swedish House Mafia

Don't you worry child

Hat der Himmel wirklich einen Plan für mich? Wenn in der Schule oder im Job, in der Liebe und in allen anderen Lebensbereichen alles glatt läuft, dann scheint die Antwort auf diese Frage total klar zu sein. Aber was ist mit dem „himmlischen Plan", wenn es mal nicht so super läuft? Wenn es Stress gibt mit Freunden, wenn eine Beziehung zerbricht, wenn die Arbeit einen nur annervt ...

Genau darum geht's in dem Lied von Swedish House Mafia. Am Anfang ist alles super und wunderschön. Doch dann zerbricht das Glück. Die guten Tage sind nur noch in der Erinnerung und in den Bildern an der Wand lebendig. Aber mitten in das zerbrochene Glück hinein spricht die Stimme eines Vaters: „Don't you worry child. See heaven's got a plan for you." „Mach dir keine Sorgen, mein Kind. Der Himmel hat einen Plan für dich." Man könnte hier auch einsetzen: GOTT hat einen Plan für dich.

Aber wie sieht denn dieser Plan jetzt aus? Eine Antwort finden wir zum Beispiel in der Bibel in Matthäus 22, Vers 37. Da steht: „Liebe den Herrn, deinen Gott, von ganzem Herzen, mit ganzem Willen und mit deinem ganzen Verstand!" Das ist Gottes Plan für unser Leben! Er wünscht sich, dass wir ihn lieb haben. Er wünscht sich eine Freundschaft mit uns. Er wünscht sich, dass er dein Papa sein darf, der dich über alles liebt. Das hat jetzt erst mal gar nicht direkt was mit Berufung, Beziehung, Freundschaften und so zu tun. Aber wenn wir in so einer Beziehung mit Gott leben, dann macht das unser Leben reich – egal ob's gerade gut läuft oder nicht!

In Vers 39 geht Gottes Plan für uns noch weiter. Da heißt es: „Liebe deinen Mitmenschen wie dich selbst!" Tausch dich mal mit einem Freund oder einer Freundin darüber aus, was das konkret für euch heißt – sich selbst zu lieben und andere zu lieben. Zum Beispiel die anderen in der Schule oder auf der Arbeit oder in deiner Familie oder im Sportverein oder in der Gemeinde ...

Manchmal konkretisiert Gott diesen Plan übrigens auch noch und redet sehr eindeutig zu uns: über Beruf und Berufung, über Partnerwahl und andere Lebensthemen. Aber keine Angst! Wenn du ihn ehrlich danach fragst, was er mit dir vorhat, dann wirst du seine Antwort schon mitbekommen. Und wenn er dir nichts Konkretes sagt, dann heißt das: „Mein Kind, du darfst selbst entscheiden, welchen meiner Wege du gehen möchtest. Vergiss nur nicht, mich zu lieben, dich selbst zu lieben und die anderen zu lieben."

Britta Greiff
Jugendreferentin bei Teens in Mission,
Liebenzeller Mission

Pink

Just give me a reason

Er kann es nicht fassen! Noch in den letzten Sommerferien waren sie die besten Freunde. Kein Fußballspiel, bei dem sie nicht zusammen saßen und ihren Lieblingsclub angefeuert haben. Kein Freibadbesuch ohne die anderen. Kein Geburtstag, an dem einer fehlte. Und jetzt hockt er alleine da und fragt sich, was passiert ist. Warum seine besten Freunde nicht mehr seine besten Freunde sind. Warum sie ihm ausweichen, wenn er auf sie zugeht. Warum sie so schlecht über ihn reden. Ist er ihnen nicht mehr cool genug? Konnte er bei den Aktionen der letzten Wochen nicht mehr mithalten? Nach außen lässt er sich wenig anmerken. Aber innerlich merkt er, wie die Enttäuschung ihn auffrisst und wie er beschließt: So was passiert mir nie mehr wieder!

Kennst du so eine Situation? Oder eine ähnliche? Manchmal passieren uns im Leben Dinge, die sind echt übel. Da kann man nicht schnell mal sagen: „Wird schon wieder." Und gerade, wenn es darum geht, dass man von anderen Leuten enttäuscht wird, die einem nahe stehen, ist das besonders hart. Einen dummen Spruch von einem Fremden kann man manchmal noch leicht abhaken. Aber wenn eine gute Freundin dich hängen lässt, wenn dein Freund sich eine andere nimmt oder deine Eltern dich für irgendwas verantwortlich machen, für das du nichts kannst – das ist eine ganz andere Nummer. Da fällt es superschwer, sich wieder neu auf jemanden einzulassen. Freunden wieder zu vertrauen, sich in einer Beziehung sicher zu fühlen oder sich mit den Eltern wieder zu vertragen.

Und vielleicht geht es dir ganz ähnlich, wenn du an Gott denkst. Auch von ihm bist du enttäuscht. Weil du siehst, wie es in der Welt abgeht und wie viele Menschen leiden müssen. Oder weil du dich fragst, wie es einen Gott geben kann, der so viele Dinge in deinem eigenen Leben schief gehen lässt. Der dich da nicht rausholt. Der dir scheinbar nicht hilft. Oder weil du das Gefühl hast, dass immer nur die anderen gute Erfahrungen mit ihm machen. Und du nicht. Und irgendwie hast du schon mit Gott abgeschlossen. Weil du keine Lust mehr hast, enttäuscht zu werden. Das ist gut zu verstehen. Keine Frage.

Aber weißt du, was bei Enttäuschungen am wenigsten hilft? Sich stur zu stellen und dicht zu machen. Dann hat die Enttäuschung dich klein gekriegt. Doch es gibt auch Möglichkeiten, sich von Enttäuschungen nicht unterkriegen zu lassen, sondern so mit ihnen umzugehen, dass man hinterher stärker ist als vorher. Zwei Ideen, wie du das ausprobieren kannst:

1.) Lass dir nicht einreden, dass du keinen Wert mehr hast – selbst wenn du enttäuscht oder abgelehnt wurdest.
2.) Wenn das möglich ist: Rede mit der Person, die dich enttäuscht hat. Und nicht nur über sie.

Das sind zwei Möglichkeiten, wie man damit umgehen kann, wenn man von einem anderen Menschen enttäuscht wurde. Aber beide Punkte lassen sich auch auf Gott anwenden: Lass dir nicht einreden, dass du für Gott nicht wichtig bist! Gott interessiert sich für dich! Und auch deine Fragen, Verletzungen und Probleme stehen ihm dabei nicht im Weg.

Und rede mit ihm. Sag ihm, was Sache ist – er hält das aus. Und er ist brennend interessiert an dir und an dem, was dir auf dem Herzen liegt. Gott will dir in deinem Leben zur Seite stehen – gerade dann, wenn nicht alles nach Plan läuft. Das gilt nicht nur den anderen. Nicht nur denen, die sowieso schon immer was mit Kirche und Glauben zu tun hatten. Nicht nur denen, die immer alles richtig machen. Sondern das gilt auch dir! Uneingeschränkt. Ohne Kompromisse.

Und vielleicht liefert Pink dir ja genau die Worte, mit denen dein Gespräch mit Gott beginnen kann: „Just give me a reason that I can learn to love again." – Gib mir einfach einen Grund, damit ich wieder lieben kann.

Katja Flohrer
Aus Stuttgart
CVJM Landesreferentin
im Evangelischen Jugendwerk
Württemberg

Mark Forster

Auf dem Weg

„Die Route wird berechnet ... " Sofern das Navigationssystem nicht 15 Minuten zum Starten benötigt, ist es doch eine sehr nützliche Hilfe. Vorausgesetzt, die aktuellsten Kartendaten sind verfügbar und der kleine Bruder hat nicht „Autobahnen vermeiden" ausgewählt. Allein mit der Zieladresse im Kopf solltest du dann normalerweise den Weg finden können. Weißt du also, wohin es gehen soll, kommst du auch an.

Schulweg ... Der Weg zum Fußballplatz oder zum Shoppen in die Stadt ... Die Anfahrt zu Oma und Opa ... Mark Forsters Song trägt den Titel: „Auf dem Weg." Auch Gott bietet uns an, mit ihm auf dem Weg zu sein. Wohin führt dieser Weg? Gott sagt uns zu, uns zu stärken und zu helfen (Jesaja 41,10). Die beste Sache aber von allem: Wir haben bei ihm ewiges Leben. Möchtest du Gottes Navigationssystem verwenden und sagst JA zu ihm, ist seine Anweisung für dich und diesen Weg im Grunde genommen nur ein einfacher „Verhaltenskodex". In der Bibel erfahren wir, was er von uns erwartet. Vor allem Nächstenliebe wird dabei immer wieder betont.

Mehr ist das nicht. Ist das nicht herrlich? Ist das nicht genial? Und dazu Mark Forster im Ohr: „Geht's mal nach links, dann bieg ich nicht ab, ich fahr gradeaus." Ich bin voll dabei. Mit anderen zusammen gehe ich zu JuGo's, lese in der Bibel, höre eine Andacht – auch andere sind auf diesem Weg. Eine andere Stelle aus dem Song: „Auf dem Weg, auf dem ich lauf, bin ich an so vielen vorbei gerauscht." Einfach genial! Ich bin geradewegs, volle Kanone, auf dem Weg mit Gott! Ich lass mich von nichts und niemandem beirren!

Aber Moment! Ist das wirklich so? Vielleicht erkennst du dich in dieser Geschichte hier wieder: Du hast schlecht geschlafen, bist nicht gut drauf und deine Eltern werden morgens beim Frühstück erst mal blöd angemacht, weil irgendwas im Kühlschrank fehlt. Im Mathe-Unterricht meldet sich einer mit der falschen Lösung und du denkst: „Mann, ist der blöd." Später hältst du von einem Menschen Abstand, der alte, verwaschene Klamotten anhat. Mit dem willst du besser nichts zu tun haben. Ein paar Meter weiter, der nächste doofe Spruch. Am Abend willst du in den Bus einsteigen und drängelst und drückst dich rein, weil du ja unbedingt noch einen Sitzplatz bekommen willst ... Ich glaube, diese Liste könnte noch lange fortgeführt werden.

Das sind alles solche kleine Sachen, die uns auf einmal wieder total vom Weg mit Gott abbringen. Gott ist zwar unser Navigationssystem, er sagt uns, wie wir uns auf dem Weg verhalten sollen. Aber trotzdem entscheiden WIR, wo wir jetzt da vorne an der nächsten Kreuzung entlang gehen, was wir jetzt wirklich tun.

Manchmal „folgen wir dem Weg und wollen da gar nicht hin". Wir sind immer wieder in Situationen, in denen wir uns von Gott entfernen und in eine andere Richtung gehen. Wir rauschen also doch nicht immer so ganz einfach an allem vorbei, sondern biegen nach links oder rechts ab.

Aber das ist menschlich. Das passiert uns leider immer wieder. Und eben weil Gott weiß, wie wir (leider) so drauf sind, hat er uns Jesus geschickt. Haben wir uns daneben benommen, ist er für uns da. Er bringt uns zurück auf den Weg. Er sagt zu uns: „Wenn möglich, bitte wenden!" Was sagst du?

Arne Orthwein
Aus Weinstadt
Lehramtsstudent PH Ludwigsburg

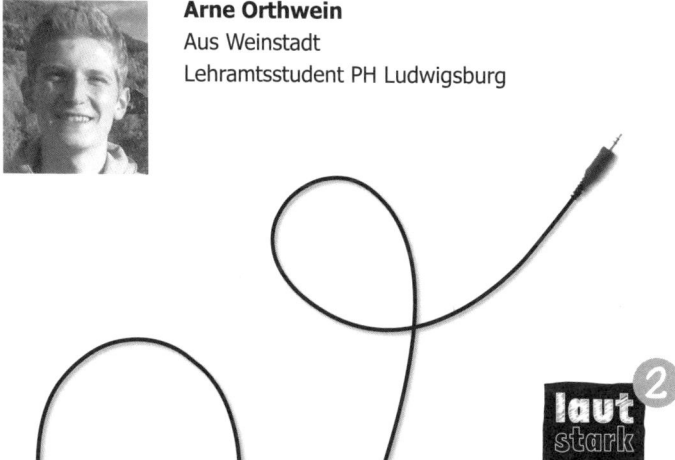

Silbermond

Ja

Er ist schon lange in sie verliebt. Er muss nur an sie denken und schon erhellt sich sein ganzes Gesicht. Aber es ist so schwer, dieses Gefühl preiszugeben. Was, wenn sie seine Gefühle nicht erwidert? Doch irgendwann ist ihm diese Frage egal. Er will es ihr sagen. Er will sie endlich fragen, was sie empfindet. Also schreibt er ihr einen langen Brief, in dem er ganz ehrlich seine Herzensgedanken preisgibt. Er wirft den Papierumschlag in den blauen Briefkasten vor ihrem Haus und dann? Ja, dann kann er nur auf eine Antwort warten. Ein Tag vergeht: keine Antwort. Er läuft in seinem Zimmer auf und ab und kann es kaum aushalten. Am nächsten Morgen dann, als er das Haus verlässt, klebt ein kleiner Zettel an seiner Haustür, auf dem nur zwei Buchstaben stehen: JA. Er sieht sich um, aber niemand ist da. Sein Herz fängt an, schneller zu schlagen und er kann es noch nicht richtig fassen. „Bedeutet JA, dass sie mich auch mag? Bedeutet JA, dass wir ab jetzt gemeinsam unterwegs sind?"

JA! Wie mächtig ein kleines JA in so einer Situation wirkt. Wie aufregend und lebens-verändernd. Da sagt einer „JA" und meint damit die ganze Person, das ganze Wesen. Das geht runter wie Öl! Das wünscht sich doch jeder Mensch, egal ob klein oder groß.

Silbermond beschreibt, wie sich dieses JA anfühlt. Da sagt einer „JA" zum anderen. JA, auch zu seinen Fehlern und Schwächen. JA in Armut und in Reichtum. JA an jedem neuen Tag. Bedingungslose Liebe! WOW! Was für ein hohes Versprechen.

Und dann erleben wir doch so oft die Realität, in der menschliche Liebe versagt, in der das „JA" ganz schön wackelig wird. Plötzlich sind dann alte Verletzungen, mangelndes Vertrauen und Angst scheinbar unendlich machtvoll. Wie nötig haben wir es gerade dann, von jemandem gesagt zu bekommen: „Ich sage JA zu dir, ich liebe dich und stehe zu dir, egal was passiert."

Das unerschütterlichste JA, das du jemals in deinem Leben hören kannst, ist kein menschliches JA. Es ist das JA Gottes. Gott hat schon JA zu dir gesagt, noch bevor deine Mama wusste, dass sie schwanger ist. Dieses JA zu dir gilt – egal ob du geplant warst oder nicht, ob du dich gerade geliebt fühlst oder nicht. Dieses JA Gottes ist sogar dann noch da, wenn wir versagen und die größten Fehler unseres Lebens begehen.

JA, ich liebe dich. JA, ich steh zu dir, egal was passiert! Das zu begreifen und zu verstehen ist nicht leicht, aber es ist wahr. Gottes großes JA gilt ganz unabhängig von dem, was ich gerade fühle, denke oder leiste. Ich stelle mir das ganz bildlich vor wie einen mächtigen Rückenwind, der mich liebevoll unterstützt und trägt.

Die Bibel beschreibt sogar, dass Gott selbst die Liebe ist. Lies mal nach in 1. Johannes 4,16. Gott ist der Erfinder der Liebe. Er hat sich ausgedacht, dass Menschen zueinander JA sagen. Und er weiß auch, dass es Momente in unserem Leben gibt, in denen unser Liebes-Akku leer ist. In diesen Momenten dürfen wir zum Erfinder der Liebe gehen und unseren Liebestank wieder auffüllen lassen. Das kann er so gut wie kein anderer. Wie macht er das? Zum Beispiel, indem er dir was Gutes durch sein Wort zusagt oder jemand ein ermutigendes Gebet für dich spricht oder du dir das Lied von Silbermond anhörst und dir dabei vorstellst: Das singt Gott für mich: JA, ich liebe dich und jede meiner Fasern (und das sind bei Gott jede Menge) sagt: „JA."

Dorothea Bronsema
Bereichsleitung Teenagerarbeit
im Deutschen EC Verband, Kassel

Xavier Naidoo

Alles kann besser werden

Was soll eigentlich besser werden? Was fehlt dir? Wonach sehnst du dich? Was wünschst du dir? Sehnst du dich nach einem Zuhause? Einem Ort, an dem man deinen Namen kennt? Sehnst du dich nach einem Freund oder einer Freundin? Wünschst du dir einen Menschen, der dein Herz zum Klopfen bringt? Sehnst du dich nach Frieden in der Welt? Wenn schon nicht in der großen, weiten Welt, dann doch wenigstens in deiner kleinen, privaten? Sehnst du dich nach Erfolg? Wünschst du dir einen guten Schulabschluss, eine Ausbildungsstelle, einen Studienplatz oder eine Arbeit?

Vielleicht sehnst du dich nach noch etwas ganz Anderem. Aber die Frage, die das Lied dir stellt, ist: Was soll eigentlich besser werden? Was ist deine Sehnsucht?

Eine Sehnsucht ist etwas sehr Kostbares. Sie sorgt dafür, dass du unterwegs bist und nicht stehen bleibst. Sie ist wie ein Magnet, der dich in Richtung Zukunft zieht. Darum lohnt es sich, aufmerksam zu sein und deiner Sehnsucht Raum zu gehen. Deine Fragen zu stellen und dich nicht zu früh zufrieden zu geben.

Wir leben noch nicht im Himmel, sondern wohnen noch auf dieser Erde. Auch wenn du Gott vertraust oder anfängst, mit Jesus zu leben, bist du noch unterwegs. Er läuft mit dir in Richtung Himmel. Deine Fragen und Sehnsüchte darfst du mit auf diese Reise nehmen.

Die Bibel kennt ein schönes Bild dafür. Da heißt es an einer Stelle: „Wir haben hier (auf der Erde) keine bleibende Stadt, sondern die zukünftige (den Himmel) suchen wir." (Hebräer 13,14)

Können wir uns den Himmel auf die Erde holen? Auch wenn wir noch unterwegs sind in Richtung Himmel, hoffen wir doch, dass er schon jetzt ein bisschen Wirklichkeit werden kann. Darum singt Xavier: „Alles kann besser werden. Holen wir uns den Himmel auf Erden."

Aber ist das so einfach? Lässt sich der Himmel auf die Erde holen? Wie ist das zum Beispiel mit der Liebe? Kannst du machen, dass sich die Eine oder der Eine in dich verliebt? Oder wie ist das mit dem Frieden? Kannst du machen, dass es keinen Streit, keine Gewalt, keinen Krieg mehr gibt?

Sosehr wir uns das vielleicht wünschen würden, dass wir den Himmel auf die Erde holen können, wir schaffen das nicht. Diese Aufgabe ist viel zu groß für uns. Das steht nicht in unserer Macht.
Aber anders wird ein Schuh draus. Nicht wir holen den Himmel auf Erden, sondern Gott bringt den Himmel auf Erden. Nicht wir klettern die Himmelsleiter hoch, sondern Gott kommt sie heruntergestiegen.

Wie macht er das? Indem er einer von uns wird. Als kleines Kind in der Krippe kommt er auf die Welt. Seine Eltern nennen ihn Jesus. Er wächst auf und lebt unser Leben. Trotzdem bleibt er in allem ganz mit Gott verbunden. Die Leute, die ihm begegneten sahen in ihm den Himmel auf Erden.

Das war damals so. Und das ist heute so. Noch heute bringt er den Himmel auf Erden. In der Beziehung mit Jesus kannst du ein Stück Himmel auf Erden erleben. Mit ihm an deiner Seite kannst du erfahren: „Alles kann besser werden." Auch wenn das Leben oft eine andere Geschichte erzählt.

Daniel Rempe
Referent für Missionarische Jugendarbeit &
TEN SING, Gesamtleiter Missio-Center

Coldplay

Atlas

Liebeskummer, Streit unter Freunden, Probleme in der Familie, Leistungsdruck, Zukunftsängste ... Jeder kennt sie: Die Dinge, die unsere kleine Welt, in der wir leben, aus den Fugen geraten lässt. Situationen, die uns überfordern. Lasten, die uns zu schwer werden. Manchmal gibt es Zeiten in unserem Leben, in denen wir gefühlt gegen Drachen ankämpfen müssen, so schwierig sind die Aufgaben, die vor uns liegen. All das kann überfordern und wir merken, wie schwer unsere kleinen heilen Welten manchmal werden.

In Coldplays Song „Atlas", der als Soundtrack für den Film „die Tribute von Panem – Catching Fire" geschrieben wurde, geht es genau um solch eine Welt, die zu schwer geworden ist. Chris Martin, der Sänger von Coldplay, singt von Drachen, die zu bezwingen sind. Von Situationen, in denen man durchs Feuer gehen muss und davon, dass man manchmal das Gefühl hat zu explodieren. Zu Explodieren, weil man nicht mehr kann, weil man furchtbar wütend ist. Oder, und da ist der Bezug zum Film, weil man solche Ungerechtigkeit erlebt, dass man es nicht mehr aushalten kann und will.

Kennst du solche Situationen? Geht es dir manchmal auch so? Hast du manchmal auch das Gefühl, dass deine kleine Welt dich überfordert?

Im Refrain von „Atlas" hat man aber das Gefühl, dass die Person wechselt. Auf einmal kommt da ein Zuspruch auf: „I'll carry your world." Am Ende des Liedes kommt sogar noch eine weitere Ergänzung dazu: „I'll carry your world. And all your hurt!" – Ich trage deine Welt. Und all deine Verletzungen, all deinen Schmerz.

Mir fielen beim ersten Hören dieses Liedes sofort zwei Bibelstellen ein. Ganz am Ende des Matthäus-Evangeliums gibt es auch so eine Situation:

Die Jünger sind völlig überfordert mit dem, was in den letzten Wochen passiert war. Jesus wurde gekreuzigt, er ist wieder auferstanden und nun gibt er ihnen den Auftrag, sie sollen losgehen. Hinaus in die Welt und allen Menschen von ihm erzählen. Bei so vielen Dingen, die sie erlebt hatten, kann einem die Welt schon einmal aus den Fugen geraten. Und genau in diese Situation hinein spricht ihnen Jesus zu: „Ich bin immer bei euch, jeden Tag, bis zum Ende der Welt." (Matthäus 28,20 – BasisBibel) Jesus macht mit diesem Satz deutlich: Ich bin es, der deine Welt im Blick hat. Der dabei ist, wenn dir deine Welt zu schwer wird und dir dabei helfen will – egal, wie groß die Aufgabe oder wie verzwickt die Situation ist, in der du steckst.

Und die andere Bibelstelle steht weiter vorn im Matthäus-Evangelium: „Kommt zu mir, ihr alle, die ihr euch abmüht und belastet seid! Bei mir werdet ihr Ruhe finden." (Matthäus 11,28 – BasisBibel) Jesus wünscht sich, dass wir mit unseren kleinen Welten, an denen wir so oft verzweifeln, die uns zu schwer werden, zu ihm kommen. Er möchte sie uns abnehmen. Er möchte unsere Welt tragen und er möchte uns unsere Verletzungen abnehmen.

Was müssen wir dafür tun? Wir müssen uns an Jesus wenden. Ihm unsere Welten abladen. Denn er will sie uns gerne abnehmen. Er will uns neue Energie geben für alle Aufgaben, die vor uns liegen.

„Wir hoffen, dass wir auf dem Weg zum Himmel sind – zeige mir, Herr, den Weg", singen Coldplay. Und der Psalmschreiber antwortet ihnen: „Befiehl dem HERRN deine Wege und hoffe auf ihn; er wird's wohl machen." (Psalm 37,5)

Floh Maier
Landesreferent für Social Media
und Öffentlichkeitsarbeit
im Evangelischen Jugendwerk
in Württemberg

POP

Emeli Sandé

Hope

I just hope I'm not the only one! Es wirkt wie ein schüchterner Anfang, der lauter wird und in eine eindringliche Aufforderung einmündet. Und am Ende klingt der Satz noch lange sehnsuchtsvoll nach: Ich hoffe einfach, dass ich nicht die Einzige bin! Es ist der Ausruf, der Widerhall fordert und wartet, dass andere mit einstimmen in den Refrain der Hoffnung.

Das deutsche Wort „Hoffnung" leitet sich von „hoppen" ab, also von hüpfen oder auch „vor Erwartung unruhig springen oder zappeln". Da klingt Energie, Aufregung, freudige Erwartung und Glaube mit.

Hoffnung ist wie ein Fernrohr, das auf ein Ziel in der Zukunft ausgerichtet wird. Das Fernrohr haben wir schon jetzt in der Hand. Es ist greifbar. Die Auswirkung, bzw. die Verwirklichung einer Hoffnung liegt noch außerhalb unserer Möglichkeiten. Es kann sogar sein, dass wir selber die Erfüllung der Hoffnung gar nicht erleben. Das darf uns aber nicht davon abhalten, sie zu ergreifen, an ihr festzuhalten und mit ihr das Ziel im Auge zu behalten.

Der Schreiber des Hebräerbriefs hat das mal so ausgedrückt: „So ist aber der Glaube eine feste Zuversicht auf das, was man hofft, und ein Nichtzweifeln an dem, was man nicht sieht." (Hebräer 11,1)

In der Kombination mit dem Glauben an Gott setzt die Hoffnung auf eine stärkere, übernatürliche Kraft. Eine göttliche Energie, die hilft, in größeren Dimensionen zu denken, weil sie sich verbunden weiß mit Gott, dem Verfasser und Autor der Weltgeschichte.

Emeli Sandè nimmt in ihrem Song „Hope" Bezug auf die legendäre Rede von Martin Luther King „I have a dream" – „Ich habe einen

Traum". Er träumte von einem Amerika ohne Rassismus, ja, proklamierte es geradezu. Er hat fest daran geglaubt, weil er sich verbunden wusste mit Gott! Und sein Traum ist Wirklichkeit geworden – ein Jahr nachdem er für sein Engagement gegen Rassismus und Unterdrückung ermordet wurde.

Die Stimmen müssen unbedingt wieder lauter werden, die sich nicht abfinden mit einer Gegenwart, in der Hunger, Not, soziale Ungerechtigkeit, Missbrauch, Unterdrückung und Gewalt noch immer an allen Ecken und Enden herrschen.

Wir sollen und müssen Verantwortung übernehmen. So wie eben Martin Luther King das gemacht hat. Er hatte ein klares Ziel vor Augen, eine Sehnsucht, und konnte einfach nicht die Klappe halten. Er hat sich aufgeregt, weil er wusste, dass Gott über die sozialen Missstände und Ungerechtigkeiten in der Welt auch traurig, ja, zornig ist.

Mach es Dir nicht in deiner Welt bequem mit Scheuklappen, die die Nöte einfach ausblenden. Sondern nimm mal die Missstände in deinem direkten Umfeld wirklich wahr. Und dann nimm das Fernglas „Hoffnung" in die Hand und schau, wie eine Welt ohne diese Nöte aussehen kann. Danach steh auf, reg dich auf und fang an, etwas dagegen zu tun, indem du andere motivierst, „mitzuhüpfen", mitzumachen!

Wag den zaghaften Anfang, indem du deine Hoffnung erwartungsvoll ausssprichst: Ich hoffe einfach, dass ich nicht die Einzige bin!

Ilse-Dore Seidel
CVJM-Landesreferentin
im Evangelischen Jugendwerk
in Württemberg

Rihanna

Diamonds

Kennt ihr auch das Gefühl, wenn ihr morgens aufsteht, in den Spiegel schaut und denkt: „Wow, ich sehe heute echt hammer aus!"

Wohl eher weniger. Meistens sind wir doch nicht so wirklich zufrieden mit unserem Äußeren.

Dem können wir aber ganz einfach nachhelfen. Schnell in das neue T-Shirt von „AdidasNEO" oder das Top von „Desigual" hineinschlüpfen, die Ohrringe von Swarovski anziehen und schön Abdeckstift auftragen. So können wir uns in der Schule blicken lassen.

Ein Diamant hat es da schon einfacher. Der ist einfach von Natur aus schön. Sind wir das nicht eigentlich auch?

In der Bibel, genauer gesagt im 1. Mose, Kapitel 1, Vers 27, können wir lesen, dass Gott uns Menschen nach seinem Ebenbild geschaffen hat. Bäähm! Krasse Aussage.

Jetzt würde ich mal sagen, dass wir davon ausgehen können, dass Gott ziemlich gutaussehend ist (leicht untertrieben). Daraus wiederum schließe ich mal, dass wir als seine Ebenbilder auch von Natur aus schön sind. Warum sind wir dann mit der oder dem im Spiegel so selten zufrieden?

Gott möchte, dass wir wie Diamanten scheinen. Damit ist nicht teurer und glänzender Schmuck gemeint (1. Petrus 3,4). Vielmehr geht es um Schönheit, die von innen kommt. Wenn wir uns mit Freundlichkeit, Güte und vor allem mit Liebe schmücken (1. Petrus 3,5), wird unsere Schönheit nach außen strahlen.

Das bedeutet nicht, dass wir uns keine schönen Klamotten mehr anziehen sollen. Diese Dinge bestimmen aber nicht unsere Schönheit. Wahre Schönheit kommt von innen, von Gott in uns.

Jesus spricht in der Bibel viel über Liebe und handelt auch danach. Durch seine guten Taten und seinen Umgang mit seinen Mitmenschen war er ein strahlendes Licht in einer oft düsteren Welt. So ein Licht können wir auch sein, wenn wir ihn als Vorbild nehmen.

Dieses Licht und die Schönheit, die von innen kommt, können andere anstecken und begeistern. Es begeistert auch Gott, denn so hat er sich uns vorgestellt. Nach seinem Ebenbild.

Und morgen früh vor dem Spiegel singe einfach:
„We're beautiful like diamonds in the sky."

Johannes Sikler
Erzieher
Sänger der Band Lifetape
www.lifetape.de

Die Toten Hosen

An Tagen wie diesen

Wann hast DU eigentlich zum letzten Mal auf der Straße getanzt? Dabei meine ich aber keinen sensationellen Flashmob oder den Disco-Abend beim letzten Straßenfest! Nein, denn wenn ich die Worte der „Toten Hosen" ernst nehme, dann wird zu Beginn des Liedes ganz allein und ohne Musik getanzt. Was für eine Vorstellung! Da wird doch ein gewisses Gefühl von Peinlichkeit wach ... und zugleich echte Begeisterung!

SWITCH! Wir machen eine kleine Zeitreise und landen etwa im Jahre 1.500 v. Chr., mitten in Jerusalem. Es scheint so, als wären alle Bewohner der Stadt auf den Beinen. Sie bilden eine lange Gasse und füllen die Luft mit Gemurmel, Gesang und Musik. Ja, viele Instrumente sind zu hören, der Jubel schallt in alle Himmelsrichtungen und die Soldaten, die Leibwache des Königs, zieht fröhlich durch die Menge. Doch diese kleine Szene hat noch einen ganz besonderen „Hingucker": Den König selbst! Er, schön, stark, beliebt, ein Held seiner Zeit, läuft an der Spitze des Zuges. Naja, ehrlicherweise läuft er nicht wirklich. Er tanzt! Ausgelassen, durchflutet von Freude und Begeisterung – und scheinbar ohne Verstand. Denn der große König David springt, singt und tanzt nur mit damaligen Boxershort bekleidet durch die Hauptstadt seines Reiches (2. Samuel 6,14–16).

Seine Ehefrau schämt sich in diesem Moment zutiefst für ihren Mann. Ist David verrückt? Ist er besessen? Oder hat er vielelicht zu tief in den Weinkelch geschaut? Warum bloß gibt ein König seine tiefsten Gefühle – und tiefe Einblicke – preis? Die Antwort scheint beinahe unglaublich: David tanzt vor Freude über Gottes Nähe! Die Bundeslade, damals ein Zeichen der Gegenwart Gottes, wird von nun an in seiner Stadt zu Hause sein. Gott wird von jetzt an in gewisser Weise Davids Mitbewohner sein. An Tagen wie diesen wünscht man sich Unendlichkeit!

SWITCH! Wir kommen wieder zurück ins 21. Jahrhundert und du kannst dir gern deinen Prediger, Jugendleiter oder Bürgermeister vorstellen, wie er in Boxershort durch deine Stadt tanzt! Aber um ihn oder sie geht es nicht – sondern letztlich um dich! Denn der „ach so bewunderte und heldenhafte König David" lebt, liebt und fühlt in diesem Moment nicht die Blicke und Erwartungen der anderen. Frei von allen Spielregeln dieser Welt ist er einfach nur „ein vor Freude platzendes Kind seines himmlischen Vaters". Hier ist so viel Freude, Nähe, Vertrauen und Sicherheit zu spüren, dass dieser unfassbar schöne Moment gern auch eine Ewigkeit lang sein könnte! Nicht wegen dem Jubel der Massen, heldenhaften Leistungen oder gar zwischenmenschlicher Liebe, die gerade alles (er-)trägt. Nein! Dieser kurze Moment erzählt von der tiefen Freude, die auch Du spüren kannst, wenn Gott dein Mitbewohner wird!

David hat es uns vor Jahrtausenden schon vorgelebt. Die „Toten Hosen" besingen es seit 2012 ... und was ist mit dir? Bist du bereit, das Beste zu erleben? Heute, morgen ... und kein Ende in Sicht!

Andrea Ruppert
Leiterin der Leuchtturm-Arbeit
in Güstrow/MV

laut
stark
2

Blumentopf

Bin dann mal weg

Einfach mal weg sein! Ein Zettel an die Türe und nichts wie weg. Wohin? Egal! Hauptsache weg!

Das würde man zumindest gerne. Denn dann würden all die Sorgen und Ängste verschwinden. Dann könnte man all das hinter sich lassen, sich aus dem Staub machen! Man könnte sich vor den Entscheidungen drücken, die man nur so ungerne fällt. Sich der Verantwortung entziehen.

Ganz weit weg sein vom Alltag, von den Fehlern die man gemacht hat. Den Streit mit anderen vergessen, so tun, als ob nichts geschehen wäre. Ganz weit weg sein von dem eigenen Leben, das schon längst keins mehr ist. Man ist in diesem Trott so wie jeder andere, ein Tag vergeht nach dem anderen und es tut sich nichts.

„Das Abgefahrenste wäre, mal wieder ein paar Freunde zu sehen oder das Handy einfach klingeln lassen und im Morgengrauen in die Sonne schauen und mal innehalten", so singt die Band Blumentopf in ihrem Lied „Bin dann mal weg".

Inmitten diesem langweiligen Leben gibt es Zeiten, in denen alles auf einen einstürmt, man ist gefordert und manchmal überfordert. Das Handy hört nicht auf zu klingeln, die Nachrichten in Facebook und Whatsapp überhäufen sich, das Postfach läuft aufgrund von unzähligen E-Mails über. Zu gern nur würde man das Handy klingeln lassen, das WLAN ausschalten, einmal nicht erreichbar sein!

Wann hat man denn schon mal die Zeit, sich noch im Morgengrauen hinzusetzen und den Sonnenaufgang zu genießen? Wann nimmt man sich diese Zeit?

Ganz egal, ob man aus dem langweiligen Alltag fliehen will, oder ob einem alles über den Kopf wächst. Ganz egal, ob man urlaubsreif ist, weil die Mitmenschen einem den letzten Nerv rauben – so einfach kann man nicht weg. Kann nicht mal kurz in den Urlaub fliegen und alles hinter sich lassen. Dazu würde einem zu allererst das Geld fehlen, dann auch noch der Mut, einfach so abzuhauen. Und wohin soll die Reise denn gehen?

Aber es gibt so einen Ort, der so etwas wie eine Urlaubsinsel ist. Dorthin kann man fliehen, wenn man die Welt satt hat. Das kann das eigene Zimmer sein oder draußen in der Natur. Und irgendwie ist es doch wieder egal, wo man ist, denn eigentlich muss man nur in die Gegenwart Gottes treten. Das heißt verstehen, dass Gott schon längst da ist, auch wenn man ihn davor nicht wahrgenommen hat. Er war da und hat dich begleitet, also brauchst du nur noch beginnen, mit ihm zu reden. Und wenn dir nichts einfällt, dann höre doch einfach mal hin, lies in seinem Wort, der Bibel.

„Seid stille und erkennet, dass ich Gott bin.", so rät uns Gott in Psalm 46,11. Denn bei ihm kann man zur Ruhe kommen, dort findet man Frieden. Ausgelaugt und ohne Kraft darf man sich vor ihm niederknien, ausruhen, auftanken. Still sein.
Bei Gott kann man seine Wut und seinen Ärger loswerden, da darf man so richtig Dampf ablassen. Tja und dann, wenn der ganze Frust und Ärger raus ist, dann kann er uns mit seiner Liebe neu füllen, neu begeistern um den gleichen Menschen neu zu begegnen.

Gottes Gegenwart ist meine Urlaubsinsel! Man muss nur einfach weg von den anderen, raus aus dem Tumult, hinein in die Stille! Das Handy ausschalten und beiseitelegen, die Musik runterdrehen und durchatmen. Jetzt bin ich angekommen und an meiner Tür hängt ein Zettel: „Bin dann mal weg!"

Claudia Kopp
Theologie-Studentin
in Tübingen

Philipp Poisel

Liebe meines Lebens

Wer kennt es nicht? Das Happy End in einem Liebesfilm. Auf vielen Umwegen stehen nun die beiden Hauptpersonen vor dem Altar und heiraten. Der Hochzeitskuss und alles ist gut. Wünschen wir uns genau das nicht manchmal auch? Die Liebe unseres Lebens. Eine starke und unvergängliche Liebe.

Aber wie geht es nach dieser Traumhochzeit weiter? Ist da immer noch alles rosa? Ist da nicht manchmal der graue Alltag, in welchem es auch Streit und Unzufriedenheit gibt? Irgendwann endet nun mal die Verliebtheitsphase zwischen Menschen und man muss sich für die Liebe einsetzen und gemeinsam dafür sorgen, dass sie nicht erlischt.

Kennt Philipp Poisel da eine andere, perfekte Liebe, wenn er singt: „Und so wird es immer bleiben, du kannst gar nichts dagegen tun"? Eigentlich ein krasser Widerspruch zu dem, was wir Menschen kennen. Ist das überhaupt möglich für uns Menschen? Oder wird hier ein Ideal besungen? Eine Liebe, die es unter Menschen nicht geben kann?

Vielleicht richtet sich sein Liebeslied ja auch an gar keinen Menschen, sondern an Gott selbst? Denn immerhin scheint Philipp Poisel der Liebe seines Lebens eine Menge zu verdanken. Sein Wissen und seinen Besitz. Er ist dankbar für die Dinge, die ihm diese Liebe geschenkt oder ermöglicht hat. Diese Liebe gibt ihm etwas zurück. Vielleicht könnte es ja auch dein Leben bereichern, wenn du Gott zu lieben beginnst.

„Alles was ich tue hat nur einen Sinn, dass ich am Ende meines Lebens endlich bei dir bin!" Die Sehnsucht nach einem Happy End, auf das wir unser Leben ausrichten. Würden wir nicht vieles geben für ein Happy End? Jesus bezeichnet sich selbst im Neuen Testament als „Bräutigam"

(Matthäus 9,15). Er möchte dein Bräutigam sein, eine Traumhochzeit und ein anhaltendes Happy End mit dir feiern und erleben. Philipp Poisel singt hier von einer Entscheidung für diese Liebe, welche diese Liebe zu der Liebe seines Lebens macht. Gibst du Jesus, beziehungsweise Gott die Chance, die Liebe deines Lebens zu sein? Vielleicht ist es deine Entscheidung FÜR diese Liebe zu Gott, die diese Liebe zu der Liebe deines Lebens macht.

Vielleicht läuft das auch nicht immer so rund. Vielleicht haben wir manchmal eine Phase, in der wir diese Verliebtheit nicht mehr spüren können. Eine Phase, in der es uns schwer fällt, Gott als die Liebe unseres Lebens zu bezeichnen. Vielleicht zweifeln wir an dieser Liebe. Doch Poisels Liebeslied scheint auch diese schweren Zeiten zu kennen (dritte Strophe). Aber trotzdem fände er den Schmerz größer, wenn er diese Liebe nicht hätte. Genau dies könnte auch für deine Liebe zu Gott gelten. Auch wenn du manchmal an dieser Liebe zweifelst, letztlich wäre der Schmerz vermutlich größer, wenn du sie nie gekannt hättest.

Daher: Wage doch den Versuch. Lass dich von Gott lieben und liebe ihn vom ganzem Herzen! Gib ihm die Chance, die Liebe deines Lebens zu sein. Dass er derjenige ist, der mit dir durch Dick und Dünn geht. Damit deine Sehnsucht nach der Liebe deines Lebens gestillt wird.

Johannes Schnürle
Aus Weinstadt
Studiert Religionspädagogik & Soziale Arbeit
Singer/Songwriter & Gitarrist der SMS Band

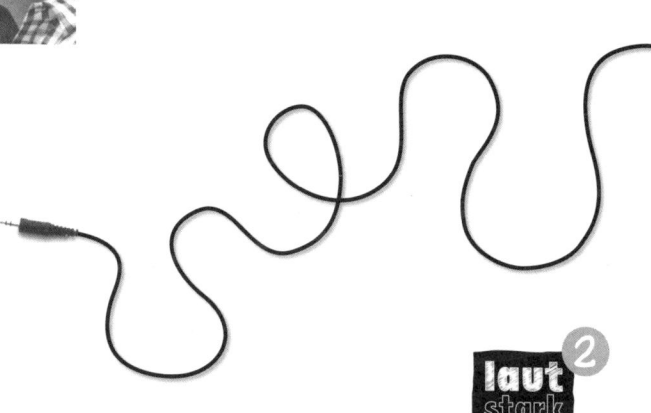

Sportfreunde Stiller

Applaus, Applaus

Porsche-Arena Stuttgart, 5.000 Menschen, die Masse gröhlt, applaudiert wie wild, fordert eine Zugabe. Das Konzert von Sportfreunde Stiller ist zu Ende, aber die Fans können nicht genug bekommen. Sie wollen noch mehr von dem hören, was die Band in ihren Liedern zu sagen hat.

Die Hitsingle „Applaus, Applaus" erntet am meisten Begeisterung. Der Text berührt und spricht an. Der Beat reißt mit. Man muss sich einfach dazu bewegen und mitsingen. Die Stimmung ist auf dem Höhepunkt.

Aber: Was bedeutet eigentlich „Applaus, Applaus"? Irgendwie hört es sich ja schon leicht ironisch an. Sagt man nicht oft „Applaus, Applaus" zu jemandem, wenn er etwas nicht so gut gemacht hat? Es wird doch oft als Geste verwendet, die zeigt, dass man sich lustig über eine Person macht.

Ich glaube, dass die Sportfreunde damit etwas anderes meinen. Es geht um ehrlich gemeinten Applaus. Ein Applaus für jemanden, der einfach nur da ist und hilft. Jemand, der dich in deinen Anliegen unterstützt. Sportfreunde Stiller sagen dazu: „Will ich mal wieder mit dem Kopf durch die Wand, legst Du mir Helm und Hammer in die Hand." Die besungene Person ist der Helfer an der Seite, den man sich wünscht. Sie hilft einem, aber redet einem nicht gleich alles aus, was man sich in den Kopf gesetzt hat.

Gott ist für mich jemand, der so unterwegs ist. Gott ist genau so jemand, den die Band besingt. Vor allem ist es sehr beruhigend, dass man so jemanden immer an seiner Seite hat.

Gott ist schließlich derjenige, der uns seine Sätze durch all den Lärm „auf leise Art und Weise" zuflüstert. Ich höre ihn oft nicht, weil es um mich herum so laut ist. Ich vergesse, dass er da ist und uns durch die Bibel mit seinen Worten aufmuntert, wenn es mal wieder nicht so läuft, wie wir uns das vorstellen. Ich erlebe Gott als jemanden, der mich meinen Weg gehen lässt. Mich begleitet und auf mich aufpasst.

Eigentlich hat Gott allein dafür einen fetten Applaus verdient. Aber das Beste an der Sache ist, dass Gott auch dir applaudiert. Du bist für ihn einzigartig. Er findet dich klasse. Er findet dich in jeder Situation toll. Auch dann, wenn alle anderen dich doof finden und sich abwenden.

Das ist der größte Unterschied zwischen Gott, „dem Star" und einem gewöhnlichen Star. Der Star fühlt sich geehrt und geschmeichelt, dass er so viele Fans hat, die ihn toll finden. Er würde aber nie auf dich als Fan zugehen und dir dafür danken. Er würde dir nie die gleiche Aufmerksamkeit entgegen bringen.

Gott aber ist sich dafür nicht zu schade. Er findet dich liebenswert – auch dann, wenn du gerade selber gar nicht von dir überzeugt bist. Er will für jeden einzelnen da sein und besonders für DICH zu jeder Zeit. Das heißt, hier bist nicht nur du der Fan, sondern Gott ist auch ein riesiger Fan von dir!

Also los geht's: Applaudiere für Gott, seine Worte und seine Taten. Tu es so, wie du es bei einem Megastar oder einem geliebten Menschen tun würdest. Überleg doch mal für was du Gott danken könntest. Wo hat er dich zum Ausflippen gebracht?

Andrea Schneider
FSJlerin beim CVJM Tübingen

Maxim

Meine Soldaten

Es ist aus! Vielleicht nach vielen Jahren, die am Ende bestimmt waren vom Kampf um jeden weiteren Tag. Die Liebe hat verloren und jetzt heißt es: Totaler Sieg gegen die Gefühle um jeden Preis! Alle Gedanken, alle Erinnerungen an den anderen sollen ausgelöscht werden. Jede Gefühlsregung wird sofort unterdrückt, keine Schwäche geduldet.

Jeder, der das Ende einer Liebesbeziehung erlebt hat, wird sich in Maxims „Meine Soldaten" wiederfinden. Ob sie ihn betrogen hat? Oder sich die Liebe im stressigen Alltag klammheimlich verabschiedet hat? Sie scheint ihn auf jeden Fall sehr verletzt zu haben. Deshalb muss er seine Gefühle niederringen.

Doch die Liebe lässt sich nicht so leicht besiegen. Sein armes Herz ist noch immer voller Sehnsucht. Es braucht nicht viel, um die Kontrolle zu verlieren. Die coole Fassade ist instabil und droht, beim kleinsten Anlass zusammenzubrechen.

Er führt Krieg gegen seine Gefühle. Warum er das tut, weiß er vielleicht schon gar nicht mehr. Denn ein guter Soldat stellt keine Fragen. Es geht ums Prinzip. Er will seiner Ex zeigen: Ich bin der Stärkere und nachdem du mich so behandelt hast, darf ich mir keine Gefühle mehr für dich erlauben. Vergebung ist nicht möglich! Im Krieg müssen Opfer gebracht werden. Verbrannte Erde bleibt zurück.

Am Ende ist sein Herz geknebelt, gebrochen und weggesperrt. Er hat es endlich unter Kontrolle. Aber zu welchem Preis? Wird er jemals wieder unbelastet und vorurteilsfrei eine neue Liebesbeziehung aufbauen können? In der letzten Beziehung hat er sich fallen lassen, er hat alles investiert. Für die Zukunft schwört er sich, die Kontrolle nie wieder zu verlieren.

Man kann seine Reaktion verstehen. Es ist schwer, dem Ende einer Beziehung etwas Positives abzugewinnen und in der Regel hat man viele Wochen und Monate, ja vielleicht sogar Jahre damit zu kämpfen. Aber man kann sein Herz nicht ewig wegsperren. Auch nach dem schlimmsten Krieg muss das Leben irgendwann weitergehen. Aus den Trümmern muss und wird Neues erwachsen, wenn man es zulässt. Denn was wäre die Alternative? Ein Leben ohne Liebe. Unvorstellbar!

Ein Schlüssel dazu ist Vergebung. Man würde sich wünschen, dass seine Ex ihn um Verzeihung bittet. Und er müsste es schaffen, ihr diesen großen Fehler zu vergeben. Vielleicht könnte er so sein Herz aus der Gefangenschaft befreien. Vergebung ist der Kraftstoff für jede Liebesbeziehung, für alle zwischenmenschlichen Beziehungen und Freundschaften. Das wusste auch schon Jesus. Sein Freund Petrus fragt ihn eines Tages: „Jesus, wie oft sollte ich anderen Menschen vergeben? Siebenmal?" Und Jesus antwortet: „Nein, nicht siebenmal, sondern siebzigmal siebenmal." Was er damit meint? Immer und immer wieder! (Matthäus 18,22)

Und Jesus geht mit gutem Beispiel voran. Er vergibt auch uns. Er hat sich für unsere Schuld ans Kreuz schlagen lassen. Aus Liebe! Das zu glauben ist der erste Schritt. Und wem vergeben wurde, der kann auch leichter anderen vergeben. Hoffentlich!

Achim Stadelmaier
Radioredakteur und Musiker
(FOR ME AND MY SONS)
www.formeandmysons.de

laut
stark

2

Gossip

Move in the right direction

Keine Ahnung, wie zielstrebig du bist. Ich bin es nur so lala. Wenn ich auf meinem Schreibtisch eine Menge Arbeit habe, dann bin ich nicht der Abräumer, der einfach mal anfängt. Nein, ich schaue mir den Berg Arbeit an und fange an zu überlegen, ob das wirklich alles wichtig ist. Ob ich das wirklich alles machen muss – und vor allem, ob ich das wirklich alles machen will. Und meistens stelle ich dann erstmal fest: „Ach, erstmal nicht."

Irgendwann kehrt dann die Vernunft zurück und ich realisiere, dass wirklich alles zu erledigen ist und dass kein Weg daran vorbei führt. Dann geht es mir eine Weile mies – und dann fange ich zähneknirschend an. Ein Abräumer, der einfach sofort loslegt, hat während dieser ganzen Zeit wahrscheinlich schon den halben Berg abgearbeitet.

„Move in the right direction" heißt der Song, über den ich was sagen will: Sich in die richtige Richtung bewegen. Und wenn man den Songtext mal durchschaut, dann geht es dort nicht nur um die richtige Richtung, sondern auch um Zielstrebigkeit. Um Anpacken, um „Los geht's!", um ein mutiges Nach-Vorne-Schreiten, um Abräumen.

Aber es geht nicht um einen Berg Arbeit auf einem Schreibtisch. Sondern es geht um eine gescheiterte Beziehung. Da ist jemand schwer enttäuscht und verlassen worden und steht jetzt vor dem Scherbenhaufen einer Liebe, einer Freundschaft, an die sie oder er noch vor kurzer Zeit geglaubt hat. Und die Beziehung ist unwiederbringlich, sie ist und bleibt kaputt. Jetzt ist die Frage: Wie geht es weiter? Was passiert mit einem Leben in solch einer Situation?

Die Antwort des Songs lautet: kämpfen. Zum Beispiel gegen Tränen. Gegen Ängste. Gegen die Gedankenstürme im Kopf. All dem mal so richtig die Zähne zeigen und nach vorne schauen, auf das, was kommen kann – abräumen und nicht zaudern und zagen. Nicht nach hinten blicken auf das, was war und verloren ist. „Move in the right direction" – Schritt für Schritt.

Aber wenn eine Beziehung in die Brüche geht, ist ein Draufloskämpfen vielleicht der Lösungsansatz, der an einem selbst vorübergeht. Die Enttäuschung auszuhalten, auch an sich ranzulassen – das kann auch die richtige Richtung sein. Nach vorne schauen – ja, aber es braucht auch die Zeit, stehen zu bleiben.

Eine Enttäuschung aufzuarbeiten ist etwas anderes als einen Schreibtischberg abzuarbeiten. Und den Kampf, den es in jedem Fall bedeutet, muss man nicht alleine kämpfen. Gott ist immer dabei. Er weint mit. Er ist auch enttäuscht, nicht von dir, sondern von der Situation. Er leidet mit, denn gelitten hat er als Jesus am Kreuz mehr, als ein Mensch sich vorstellen kann. Er weiß, wie es dir geht.

Und was ist, wenn die Beziehung zu Gott selbst im Argen liegt? Von Zweifeln und Unsicherheiten geprägt ist? Selbst dann ist Gott da. Auch wenn du es nicht glauben kannst oder willst: Gott ist da und sieht dich. Und ob du dich zum ersten oder zum hundertsten Mal zu Gott wendest – seine Arme sind immer gleich weit offen. Seine Freude ist immer die gleich große.

Carsten Kottmann
Ehrenamtlicher Mitarbeiter im
CVJM Landesverband Württemberg e.V.

laut
stark

2

The Script feat. Will.I.Am

Hall of fame

Ob Madonna, Michael Jackson oder die Red Hot Chili Peppers: Menschen, deren Namen in der Hall of fame geschrieben stehen, haben es geschafft. Ruhm und Ehre wurden ihnen zuteil aufgrund einer außerordentlichen Begabung und Karriere, sei es in Sport, Musik oder anderen Bereichen. Auch noch lange nach ihrem Tod wird die Welt sich an ihre Namen erinnern können („And the world's gonna know your name.").

Die Sehnsucht nach einer höheren Bestimmung, nach Bedeutung und Anerkennung, nach Unvergänglichkeit, Ruhm und Ehre ist etwas, das Menschen antreibt. Wir wollen nicht in Vergessenheit geraten, sondern von Bedeutung sein. Wir wollen von anderen als jemand Besonderes wahrgenommen werden. Wir wollen in dieser Welt unseren Platz haben.

Aber wie kann man seinen Platz finden? Mit welchen Aktionen und mit welcher beruflichen Karriere sticht man hervor? In unserer Gesellschaft gibt es unzählige Möglichkeiten, sich zu verwirklichen („Be students, be teachers, be politicians, be preachers, be belie vers … "). Aber wie findet man in dieser Fülle von Möglichkeiten seine individuelle Art und Weise, die die Sehnsucht nach Anerkennung und Einzigartigkeit, die Sehnsucht etwas Großes zu vollbringen, stillt? Kurz gesagt, wie kommt man im übertragenen Sinne in die Hall of fame?

Der Versuch, Antworten auf diese Fragen zu finden, bringt einen manchmal auf komische Ideen, die uns letztendlich nicht weiterhelfen („You can be the king kong banging on your chest"). Das Gefühl, herausstechen zu wollen, setzt einen unter Druck.

Um ehrlich zu sein, gibt es kein Patentrezept auf alle diese Fragen. Es gibt nicht die eine Antwort: Mach dies oder das und du wirst bewundert werden und etwas Bedeutendes vollbringen. Aber es gibt eine Möglichkeit, den Druck loszuwerden und die Sehnsucht nach Anerkennung und Geltung zu lindern.

Es gibt einen Gott, der dich ganz genau kennt und weiß, wo dein Platz in dieser Welt ist, einen Gott, der einen Plan für dich hat, deine Stärken und Schwächen kennt und dich auf deine individuelle Art gebrauchen will. Das macht dich zu einem ganz besonderen, einzigartigen Menschen in Gottes Schöpfung. Du musst also nicht zwanghaft versuchen, dich alleine zu verwirklichen. Du darfst dir sicher sein, dass Gott einen Platz in seiner Hall of fame für dich hat, weil du genauso bist, wie er dich in besonderer Weise erschaffen hat. Und Gottes Hall of fame ist für die Ewigkeit.

„Durch Christus haben wir Anteil bekommen am künftigen Heil. Dazu hat Gott uns von Anfang an bestimmt nach seinem Plan und Willen – er, der alle Dinge bewirkt." (Epheser 1,11)

Johanna Dinkel
Lehramtsstudentin
in Tübingen

laut
stark ②

Glasperlenspiel

Ich bin ich

Eigentlich mag er diese Art von Partys nicht, bei denen man vor allem mit Alkohol Spaß hat und möglichst oberflächlich bleibt. Und sowieso würde für ihn irgendwann dieser peinliche Moment kommen, wenn alle tanzen. Also, warum sollte er da heute Abend wieder hingehen? Tanzen ist nicht sein Ding. Neben den angesagten Jungs aus seiner Klasse sehen seine unkoordinierten Bewegungen aus, als hätte er etwas Schlechtes gegessen und jetzt Magenkrämpfe. Deshalb gelingt es ihm immer wieder, wenn dieser Moment kommt, weit genug von der Tanzfläche weg zu sein. Meistens sitzt er dann allein irgendwo und schaut sich alles aus sicherer Entfernung an. Aber wenn er heute Abend nicht zu dieser Party geht, wird er nie den Anschluss zu den Jungs kriegen, die interessant sind. Es ist ja nicht so, dass sie ihn nicht mögen, aber trotzdem gehört er einfach nicht richtig dazu. Er hat dieselben Klamotten gekauft, die sie tragen, obwohl sie ihm gar nicht so gut gefallen. Als damals alle die Haare gefärbt hatten, hat er das auch gemacht. Trotzdem steht er immer in der zweiten Reihe, bleibt uninteressant. Auch die Mädels finden ihn zwar nett, aber zu den spontanen Aktionen wird er nie eingeladen.

Wie gerne würde er diese Zeilen mal einigen Leuten sagen: Komm schon, sieh mal genauer hin. Da steckt mehr in mir, als man auf den ersten Blick sehen kann. Vielleicht bin ich äußerlich nicht so interessant wie andere, aber es gibt doch noch andere Qualitäten. Wer gut aussieht, gut reden kann und möglichst cool daherkommt, ist angesagt. Wer ein ehrliches Herz für andere Menschen hat, gerne zuhört, hilft, intelligent ist, kann in dieser Welt wohl nicht so richtig in Erscheinung treten. Wahrscheinlich macht man es sich am leichtesten, wenn man sich so verhält wie alle: Mainstream-Aussehen, Mainstream-Sprache und immer schön die aktuellen Trends bedienen.

Wenn wir mal nicht nur den Moment betrachten und zurückblicken, sind es nicht die Mainstream-Menschen, die in Erinnerung bleiben und Beachtung bekommen. Immer wieder gab es Personen, die einfach sie selbst waren. Keine Fassade. Die großen Menschen dieser Weltgeschichte waren absolute Individualisten: Mutter Teresa, Mahatma Gandhi, Albert Einstein, Galileo Galilei. Sie haben dadurch, dass sie nicht mit der Masse geschwommen sind, Spuren hinterlassen, anstatt nur Staub aufzuwirbeln.

Jesus von Nazareth steht auch auf der Liste der fünfzehn einflussreichsten Menschen der Weltgeschichte. Er war nicht oberflächlich. Er liebte es, Menschen zu begegnen, die nicht im Mittelpunkt standen. Selbst als es für ihn ungemütlich wurde, änderte er seine Grundsätze nicht und stand zu seiner Identität. „Ich bin bunt, ich bin grau, ich bin Tag, ich bin Nacht, ich bin das, was du hasst und das, was du magst." Vieles ist oft undurchsichtig und trotzdem ist eines klar: Jesus ist immer er selbst geblieben. Wahrscheinlich hatte Jesus diese Eigenschaft von seinem Vater. Als der nach seinem Namen gefragt wird, sagt er nur „Ich bin, der ich bin" (2. Mose 3,14). Gott, der Vater von Jesus, ist auch dein Vater. Er hat dich geschaffen und ein Stück von sich selbst in dich hineingelegt.

Der Moment, an dem du ganz du selbst bist, macht dich auch für andere interessant.

Matthias Mergenthaler
Referent für Popularmusik
und TEN SING im EJW

Alanis Morissette

Guardian

Wir machen manchmal erstaunliche Versprechen. Ob heiße Liebes-schwüre oder ewige Treueschwüre. Im Eifer des Gefechts sind wir zu gewaltigen Aussagen fähig. In ihrem Lied „Guardian" singt Alanis Mo-rissette von solchen Versprechen: „Ich bin deine Lebenshüterin. Ich bin dein Engel, der dir auf Wunsch zur Hilfe eilt. Es ist für mich die größte Ehre, deine Beschützerin zu sein." Sie besingt mit diesem Lied ihren Mutterinstinkt zu ihrem kleinen Sohn, der zwei Jahre vor Veröf-fentlichung dieses Liedes geboren wurde. Es ist klasse, dass es solche Mütter gibt!

Menschen, die lieben, sind zu vielem fähig. Viele Eltern würden ihr Leben einsetzen für ihre Kinder. Manche Menschen bleiben anderen Menschen treu, auch wenn es schon lange weh tut. Da ist ihre Liebe schon lange zur Einbahnstraße geworden. Aber es gibt auch die ande-ren Erfahrungen. Da sind Eltern schnell hoffnungslos überfordert und alles andere als die „Schutzengel" ihrer Kinder. Da reicht unsere Treue nur, bis plötzlich jemand anderes dasteht, der noch attraktiver und noch liebenswerter ist.

Das ist die andere Seite der Medaille: Wir Menschen sind mit unseren Möglichkeiten oft erstaunlich schnell am Ende. Unsere Treueverspre-chen sind im Extremfall schnell brüchig. Deshalb brauchen wir für un-ser Leben – neben den Menschen, die uns lieben und begleiten – einen ganz anderen Wächter und Beschützer. Und deshalb sollten wir uns im Klaren sein, dass wir solche großen Versprechen besser nicht aus eigener Kraft leisten.

„Ich schaue hinauf zu den Bergen – woher wird meine Hilfe kommen? Meine Hilfe kommt vom Herrn, der Himmel und Erde gemacht hat. Er wird nicht zulassen, dass du stolperst und fällst; der dich behütet, schläft nicht. Siehe, der Israel behütet, wird nicht müde und schläft nicht. Der Herr selbst behütet dich! Der Herr ist dein schützender Schatten über deiner rechten Hand. Die Sonne wird dir am Tag nichts anhaben noch der Mond bei Nacht. Der Herr behütet dich vor allem Unheil und bewahrt dein Leben. Der Herr behütet dich, wenn du kommst und wenn du wieder gehst, von nun an bis in Ewigkeit." (Psalm 121)

Dieses Lied der Bibel malt uns eindrücklich vor Augen, wo wir nach unserem Beschützer suchen sollen. Es zeigt uns, wer unser wahrer „Bodyguard" ist. Und Gott ist mit der Situation nicht überfordert. Im Gegenteil! Gott liebt die Herausforderungen. Er lässt keine Gelegenheit aus, um uns das deutlich zu machen: „Ich bin dein Lebenshüter. Ich bin dein Beschützer, der dir zur Hilfe eilt. Ich bin für dich da!"

Nun heißt das nicht, dass wir Gott den Job einfach überlassen sollten. Wir sind eingeladen und beauftragt mit der Liebe zu anderen Menschen. Es ist gut, wenn wir sie in Schutz nehmen vor üblen Machenschaften und anderen zu Hilfe eilen, wenn sie uns brauchen. Wir sollten uns aber immer über unsere Grenzen im Klaren sein. Und wir sollten auf die Kraft dessen setzen, der mit seiner Kraft nie am Ende ist:

„Herr, mache mich zu einem Lebenshüter. Wirke du mit deiner Kraft durch mich in dieser Welt. Und gib mir besonders die Kraft, dass ich den Menschen zur Seite stehe, die du mir ans Herz gelegt hast. Amen."

Klaus Göttler
Dozent an der
Evangelistenschule Johanneum,
Wuppertal

Mumford & Sons

I will wait

Du bist auf die Schnauze gefallen! Du hattest etwas wirklich Großes vor und alles hatte gut begonnen. Aber jetzt liegst du da. Vorbei mit den großen Träumen. Vorbei mit der Zukunftsmalerei. Vorbei mit deinen Ideen. Du bist gegen die Wand gelaufen. Wolltest Du vielleicht einfach zu viel? Und am Ende hast du noch einen großen Fehler gemacht. Wenn du die Zeit einfach zurückdrehen könntest! Schwerbeladen fühlst du dich, Chaos im Kopf und den Gefühlen.

Und dann?

Dann bleibt manchmal nichts außer einem Schrei. Einem Gebet. Einem Flehen. „Bring das doch wieder in Ordnung!"

Und dann beginnt die Zeit des Wartens. Auf Gott. Und auf Heilung. Dass sich wieder ein Rhythmus einstellt. Dass du wieder einen klaren Kopf bekommst und weißt, wer du bist.

Davon singt die britische Folk-Rock-Band „Mumford & Sons" in ihrem Song „I will wait". Auf wen oder was wartet die Band? Auf die Zeit, die alle Wunden heilt? Auf einen guten Freund, der ihnen gut zuredet? Auf eine Lösung des Problems? Auf Gott?

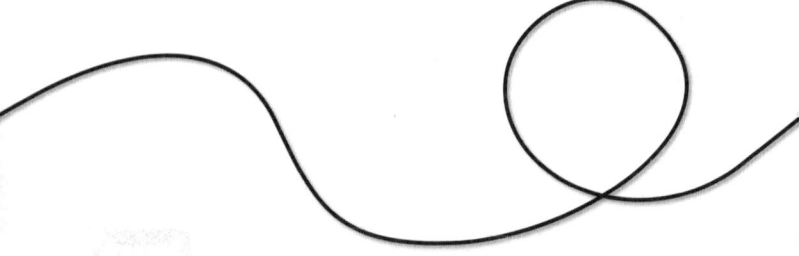

In Psalm 130 ist jemand über sich und seine Situation zutiefst erschüttert. Er ist auf die Schnauze gefallen und will jetzt nichts, außer dass die Dinge in Ordnung kommen, er einen klaren Kopf bekommt. Und dann singt er in diesem Jahrtausende alten Lied „Ich will auf Dich warten"! Auf was? „Ich setze meine ganze Hoffnung auf den Herrn; voller Sehnsucht warte ich darauf, dass er zu mir spricht." Er wartet auf Gott.

Auf den Gott, der Vergebung schenkt, der die staubigen, die dreckigen Tage unseres Lebens kennt. Er wartet auf den Gott, der einen klaren Geist schenkt und hilft, den Verstand zu schärfen. Er wartet auf den Gott, der mich schwerbeladen und schmutzig einfach in die Arme nimmt. Noch bevor ich beginne zu warten, ist er schon da!

Wartest du, hoffst du, sehnst du mit?

Daniela *Jele* Mailänder
Dekanatsjugendreferentin und
Öffentlichkeitsreferentin
Evangelische Jugend Nürnberg

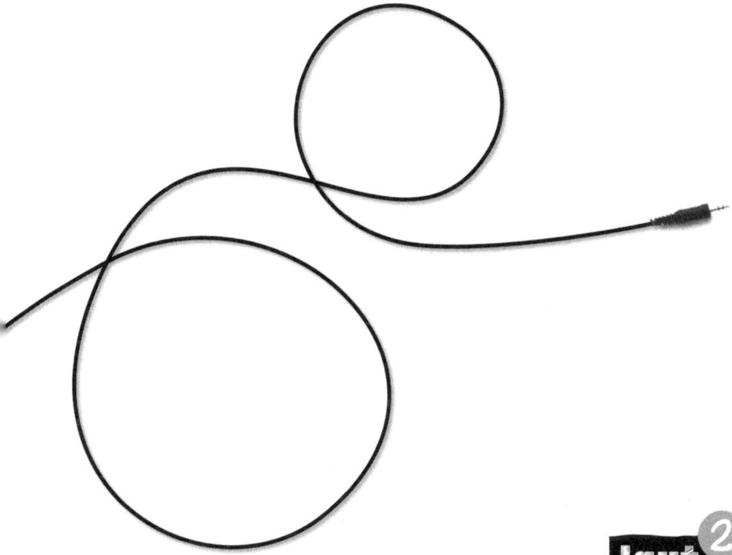

Sportfreunde Stiller

Wunder fragen nicht

Es passiert bei 120 Stundenkilometern mitten auf der Autobahn. Ein dumpfer Schlag, das Auto verliert an Geschwindigkeit. Helen merkt sofort, dass das nicht gut sein kann und fährt auf den Standstreifen. Sie wird immer langsamer. Schließlich macht das Auto keinen Muckser mehr. Sie kommt zum Stehen. Erst mal die Motorhaube aufmachen, denkt sie. Die Autos rasen an ihr vorbei, als sie mit 1.000 Fragezeichen über dem Kopf in den Motorraum blickt. Ratlos schaut sie wieder nach oben und entdeckt am Horizont einen Hoffnungsschimmer. Das kann doch nicht, das ist doch ... ein gelbes ADAC-Fahrzeug fährt in ihre Richtung. Der Fahrer sieht sie, hält an, sagt beiläufig, er wäre eigentlich gerade zu einem anderen Auftrag unterwegs, aber er bleibe nun bei ihr und bringe sie weg von der gefährlichen Autobahn. Ein gelber Engel in der Not.

In Not waren auch 12 Männer in einem Boot. Ein Sturm beutelt sie über den See. Obwohl sie erfahrene Seeleute sind, wissen sie nicht mehr ein noch aus. Sie haben Angst um ihr Leben. Darum wecken die Männer Jesus, der auch im Boot ist. Er schläft. Ganz in Ruhe. Als er wach wird, streckt er sofort die Hand aus über den See und befiehlt ihm, ruhig zu sein. Die Wogen glätten sich, der Wind hört auf und alles ist wieder friedlich. Jesus – der Retter in der Not.

Wunder fragen nicht, ob wir für sie bereit sind. Sie passieren einfach. Wenn man die Hoffnung vielleicht schon aufgegeben hat oder selbst keine Möglichkeit sieht, aus einem Schlamassel wieder herauszukommen.

Wunder machen aufmerksam – darauf, dass es noch etwas Größeres und Schöneres gibt als die Situation, in der wir gerade drinstecken. Wunder machen Hoffnung.

Als Jesus gelebt hat, hat er viele Wunder vollbracht. Die Menschen waren beeindruckt und wollten selber Zeuge von einem Wunder sein. Am besten sogar am eigenen Leib erspüren. Denn dann kann man es am besten glauben, weil man es selbst erlebt hat. Die Menschen drängten sich um Jesus, folgten ihm auf Schritt und Tritt.

Würde Jesus heute noch auf der Erde leben und das tun, was er damals getan hat, würde es ihm nicht anders gehen. Er wäre sicher ein gefeierter Fernseh-Star. RTL würde eine Reality-Show daraus machen. Jesus wäre Gast im Frühstücks-Fernsehen und bei Wetten-Dass. Es käme eine Biografie nach der anderen heraus. Anders gesagt: Er wäre ein Held. Doch ein gefeierter Star wollte Jesus damals schon nicht sein und auch sicher heute nicht. Als Jesus damals das Wunder auf dem See bewirkt hat, wollte er keinen Eindruck schinden. Als er Kranke geheilt und Tote zum Leben auferweckt hat, wollte er sich nicht selbst in den Vordergrund stellen.

Die Wunder waren Hinweise. Und Wunder sind auch heute noch Hinweise. Gott ist hier, sagen sie. Gott ist hier, bei dir! Er sieht dich. Er kennt dich. Und er greift ein. Es ist ein Geschenk, wenn das passiert. Auf Wunder kann man keinen Anspruch erheben. Aber es gibt sie. Jeden Tag passieren welche. Manchmal müssen wir die Augen für sie offen halten. Und manchmal kommt man gar nicht an ihnen vorbei, weil sie so offensichtlich und unmissverständlich sind. Viele von diesen Wundern gehen einfach unter. Vielleicht weil wir manches als selbstverständlich erachten oder es als Zufall abtun. Wichtig ist, überhaupt zu erkennen, dass da gerade etwas passiert ist, was mich gerettet, zum Staunen gebracht oder glücklich gemacht hat. Darum: Erzählt euch gegenseitig von euren Erfahrungen. Von Helen, die auf der Autobahn gerettet wurde. Von den Jüngern, die nicht nur einmal Zeuge von einem Wunder waren. Und von deinem, ganz persönlichen Wunder. Denn Gott ist hier – mitten in unserem Leben. Und tut Wunder. Damals und heute. Im Leben der Jünger und auch bei dir.

Nicole Diez
Bezirksjugendreferentin
in Nagold

POP

Ben Howard

Keep your head up

In unserem Leben stehen wir im Wind. Manchmal schlägt er uns entgegen, ein andermal haben wir Rückenwind. Ganz automatisch, es passiert einfach. Große Worte. Niederlagen. Freundschaften. Schicksalsschläge. Lebens-Flaute. Verletzungen. Liebe. Kritik. Suche nach Anerkennung. Erfolg. Enttäuschungen. Aus allen Richtungen nehmen Menschen, Situationen oder Erlebnisse auf uns Einfluss. Man könnte auch sagen, es windet von überall an uns heran – manchmal ganz leicht, ein andermal wie ein Orkan.

Ben Howard erzählt in dem Song „Keep your head up" aus seinem Leben. Er beschreibt zerbrochene Beziehungen, Verletzungen und Narben. Es ist seine Lebensreise – ein Hin-und-her-Treiben und die Frage, in der alles auf den Punkt gebracht ist – wer bin ich?

In seinem Leben gab es viel Wind. Er war wie ein Grashalm, der dem Wind des Lebens ausgesetzt war und dauernd nachgeben musste. Unser Songwriter fasst diese Lebensphase in seiner zweiten Strophe mit dem Ausdruck „fort sein" zusammen. Er war nicht da – er war nicht er selbst. Der Wind richtete ein wildes Durcheinander an.

Hast du auch manchmal das Gefühl, dass jeder kleine Windstoß dich umhaut und während du dich gerade wieder aufrappelst, fliegst du schon in eine andere Richtung? Es kann dein Charakter sein, der nicht standhaft bleibt. Oder dein Selbstwert, der schnell im Keller ist oder stolz oben hinausschießt. Es kann dein Verhalten sein, das sich dauernd den Meinungen deiner Umgebung anpasst. Oder auch Zweifel an Gott, die deinen Glauben umwehen.

„Keep your head up!" ruft uns der Chorus zu. Halte an deinen Entscheidungen, Einstellungen und deinem Glauben fest. „Keep your mind set!" Was wäre wenn wir das wirklich täten? Uns nicht mehr von der Meinung anderer oder von den Umständen unseres Lebens wie ein Grashalm umwehen lassen oder sogar einknicken; wenn wir an Entscheidungen festhalten, unsere Identität nicht von Beurteilungen abhängig machen, oder unserem Glauben und Gott treu bleiben würden? Was wäre, wenn auch bei starkem Wind unser Leben von Standhaftigkeit geprägt wäre?

Es ist offensichtlich, dass die eigene Standhaftigkeit von unserem Stand abhängig ist, darüber muss man nicht viel grübeln. Doch für deinen persönlichen Stand musst du erst mal wissen, wer du bist, was du willst und woran du glaubst. Treffe deshalb ganz bewusst Endscheidungen, glaube voller Überzeugung und entdecke deine wahre Identität. Das lässt dir Wurzeln wachsen – so entstehen Halt und Stabilität.

In der sogenannten Weisheitsliteratur der Bibel, im Buch der Sprüche, entdecken wir dafür ein Prinzip: „ ... nur wer Gott vertraut, steht fest wie ein tief verwurzelter Baum." (Sprüche 12,3). Psalm 1 setzt sogar noch eins drauf und vergleicht eine solche Person mit einem „blühenden Baum"!

Deshalb versuche, Entscheidungen zu treffen, die Gottes Willen entsprechen. Suche deine Identität in deinem Schöpfer. Für beides findest du Antworten in Gottes Wort, der Bibel. Vertraue dabei vollkommen auf Gott. Er steht zu dem, was er in der Bibel verspricht. So wachsen dir tiefe Wurzeln, die aus dir einen Baum machen, der dem Wind trotzt und als Antwort Blüten wachsen lässt.

Raphael Waldbüßer
Student aus Stuttgart

Coldplay

Don't panic

Die Sonne geht auf. Ein rauschendes Meer, blau, glitzernd im Sonnenlicht bis zum Horizont. Schneebedeckte Berge, die majestätisch alles zu überblicken scheinen. Endlose Weiten in der afrikanischen Savanne, voll von unzählbaren Tieren. Regenwälder im saftigen Grün mit riesigen Bäumen, die im Dickicht voller Leben sind. Gewaltige Flüsse, die sich ihren Weg bahnen und in die Tiefe stürzen. Wiesen voller Blüten und Summen, der Gesang der Vögel und wieder geht ein Tag zu Ende …

Coldplay drückt das in ihrem Lied „Don't panic" mit einem einzigen Satz so aus: „We live in a beautiful world." – „Wir leben in einer wunderbaren Welt."

Wunderbar und einzigartig geschaffen. So kreativ und vollkommen. Wir können sie mit unseren Sinnen deutlich wahrnehmen: Riechen, schmecken, hören oder einfach die Natur in ihrer Farbenpracht sehen und die unglaubliche Fülle und Schönheit erleben. Das ist aber nicht selbstverständlich. Eine Möglichkeit, Neues zu entdecken, ist das Reisen. Mit all den Möglichkeiten, die damit verbunden sind. Es gibt viel zu entdecken auf unserer Erde. Es liegt aber an uns, ob wir uns dafür öffnen können, was wir da sehen und das wahrnehmen, was uns geschenkt ist – quasi mit dem Herzen sehen.

Gott ist in seiner Schöpfung zu erkennen. Macht sich sichtbar, kommt uns nahe und gewährt uns einen Einblick. In ihr können wir seine Liebe zu uns Menschen wahrnehmen. Die Schöpfung ist eine einzige Offenbarung Gottes und sie macht deutlich, was er selbst empfindet: „Und Gott sah an alles, was er gemacht hatte und siehe – es war sehr gut." (1. Mose 1,31)

Wir Menschen sind die Krönung der Schöpfung, jeder einzigartig geschaffen. Mit einem klaren Auftrag: Diese Welt zu behüten und mitzugestalten. Das beginnt im Kleinen, bei jedem selbst.

Wir alle haben einen Einfluss darauf, wie sich die Welt verändert. Wir alle können durch unser Leben zu kleinen „Weltverbesserern" und Erhaltern werden, ganz praktisch im Alltag. Wir können uns fragen: „Was kann ich Gutes tun im Leben meiner Familie, im Umgang mit meinen Klassenkameraden, meinen Freunden, der Natur, um diesem Ziel näher zu kommen?" Du wirst staunen, was da für ein Echo zurückkommt!

Das ist aber alles andere als einfach und das liegt nicht nur an der Tagesform. Jeder von uns kennt diese Momente, wo wir mit Schwierigkeiten, Herausforderungen und Konflikten konfrontiert werden, wo wir nicht wissen, wie wir damit klarkommen sollen. Das hinterlässt Spuren. Aber damit sind wir nicht alleine!

Gott stellt uns Menschen an unsere Seite, mit denen wir das Leben teilen können. Die für uns da sind, denen du nahe bist – Familie und Freunde. „Everbody here has got somebody to lean on."

Aber letztendlich ist es Gott, der unser Leben in seinen Händen hält – auch deines. Wer sich an Gott hält, der das Leben geschaffen hat, kann sich geborgen und geliebt wissen. „Don't panic!"

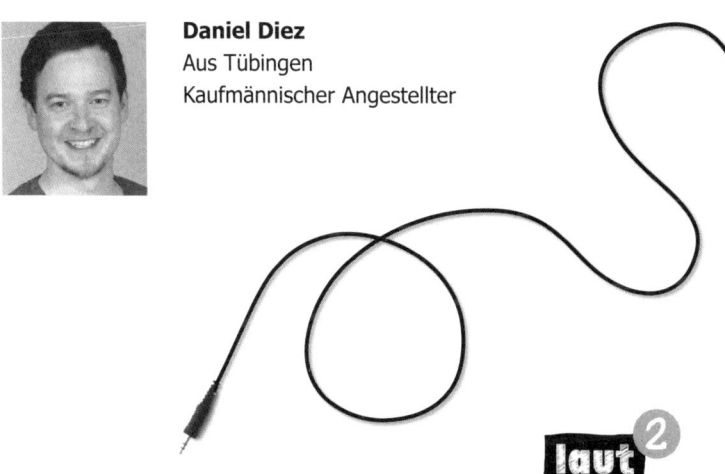

Daniel Diez
Aus Tübingen
Kaufmännischer Angestellter

laut
stark 2

Tim Bendzko

Viel mehr davon

Mehr Freunde bei Facebook, mehr Klamotten im Schrank, mehr Möglichkeiten mit meinem Handyvertrag, mehr ...

Wenn es darum geht, mehr zu bekommen, bist auch du vielleicht ganz kreativ: du machst einen Ferienjob, versuchst, Deine Eltern zu überreden oder bist stundenlang im Internet auf der Suche nach dem, was du willst.

Vielleicht geht es dir genauso und du willst mehr, bist vielleicht so erzogen oder siehst es jeden Tag vorgelebt in Schule, Fernsehen oder deinem Umfeld. Es ist wichtig, mehr Möglichkeiten nach der Schule zu haben, mehr Länder bereist zu haben, mehr zu wissen, mehr, mehr, mehr ...

Aber wie sieht es da mit Jesus aus? Wo hat er mehr Platz in deinem Leben? Warum sind perfekt geschossene Bilder oder mehr Schönheit wichtiger, als ein Gott, der dich liebt und auf dich zugeht?

Ein Gott, der nicht nur mehr ist, sondern der das Meer geschaffen hat. Ein Gott, dem alle Macht auf der Erde und im Himmel gehört, und der dich daran teilhaben lässt.

Wenn du mehr willst, bist du bei diesem Gott genau richtig. Er will dir mehr geben. Mehr Liebe, mehr Zuversicht, mehr Frieden in deinem Herzen, mehr Perspektive, mehr Hoffnung ... einfach mehr.

Das „Mehr" ist da, mehr als genug, du musst nur kommen und es dir abholen. Geh auf Jesus zu, verbringe Zeit mit ihm, bete und lies sein Wort, damit eine Beziehung zu ihm entsteht, eine Nachfolge, die dir mehr geben wird, als du dir jetzt vielleicht vorstellen kannst.

Melanie Seyb
Cleebronn

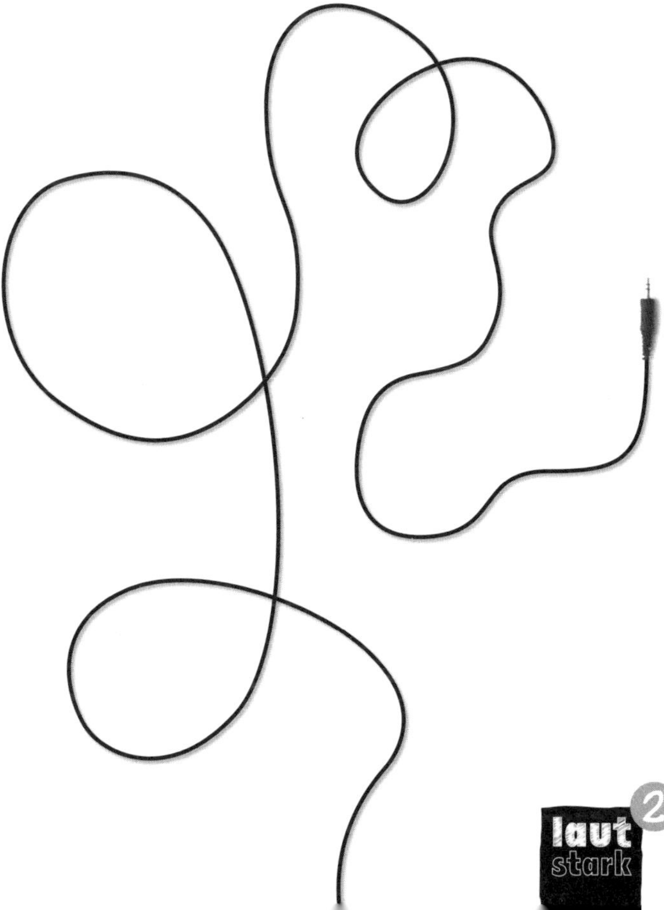

Haftbefehl

Lass los

Jesus liebt dich. Was soll der Satz? Bestimmt hast du ihn schon mal gehört – weil das eben das ist, was Christen so sagen. Aber von einem Mal mehr oder weniger hören wird sich sicher auch nichts ändern. Außerdem hat das doch gar nichts mit dem Lied, um das es hier gehen soll, zu tun, oder? Das ist nämlich von Haftbefehl, einem Rapper, der mit Jesus nicht viel gemeinsam haben dürfte – spricht er doch am liebsten über „saufen", „Absturz" und „abschießen". Aber es gibt noch mehr: Hier in „Lass los" geht es um eine Beziehung. Eine Beziehung zwischen einem, der auf die schiefe Bahn geraten ist und einer Frau, die richtig „Klasse" hat.

Lass uns das doch mal genauer anschauen: Der Erzähler hat mit seinem eigenen Leben ganz schön zu kämpfen: „Ich bin ein Junge ohne Zukunft, ein Azzlack Kanacke, und bringe nichts außer Ärger." Er geht dann sogar noch weiter: „Mein Leben hat kein Sinn, deins ist so wertvoll" – das macht die Lage relativ klar. Gleichzeitig zeichnet er damit auch ein positives Bild dieser Frau, die sein Leben bereichert hat und deren gemeinsame Zeit für ihn „so wunderschön" war.

Am Anfang des Lieds kommt es zwischen beiden zum Streit – und der Erzähler zieht eine bittere Konsequenz für sich, er verlässt seine Freundin: „Das hier ist der beste Weg, vergiss jetzt mein Gesicht", ganz einfach: „Lass los!"

Kennst du das? Vielleicht hast du selbst schon mal eine Beziehung geführt, die so geendet hat. Aber möglicherweise denkst du auch über eine ganz andere Beziehung in dieser Art und Weise: nämlich über die zu Gott. Klar, den kann es vielleicht geben, und für den einen oder anderen mag er auch schon mal was getan haben. Aber du bist nicht so jemand. Dein Leben sieht anders aus, deine Realität zeigt dir nichts von ihm und du musst mit deinen eigenen Problemen fertig werden – er sollte sich da besser raushalten. Eben so, wie es im Lied heißt: „Meine Welt ist grau, so eisig, so jemand wie du [also Gott] passt hier nicht rein."

So eine Geschichte gibt es auch in der Bibel; du findest sie in Lukas 7, ab Vers 36. Da kommt eine stadtbekannte Hure mitten beim Essen zu Jesus und wäscht ihm die Füße. Die anderen Gäste denken sofort: „Was geht da vor sich? Mit so jemandem will er doch sicher nichts zu tun haben, sie hält sich nicht an seine Gebote und hat seine Nähe nicht verdient." Eben so, wie du vielleicht auch von Jesus denken würdest. Aber er ist anders; er hat für die Frau genau das, was sie braucht: „Deine Sünden sind dir vergeben." (Vers 48) Er liebt sie wirklich; genau so, wie er jeden einzelnen Menschen so sehr liebt, dass er für ihn gestorben ist – auch für dich (Johannes 3,16)! Denn er hat dich genau so geschaffen, wie du bist. Und ihm ist egal, was Andere oder du selbst über dich denken, er lässt ganz bestimmt nicht los, so wie die Frau im Lied sagt auch er zu dir: „Ich will dich zurück."

Jedes mal, wenn du ab jetzt also hörst, dass Gott dich liebt, darfst du dich daran erinnern, dass das kein nichtssagender frommer Zuspruch ist, sondern genau das, was du brauchst. Das Schicksal, das uns Gott auf unsere Stirn geschrieben hat, ist nämlich dieses: „Fürchte dich nicht, denn ich habe dich erlöst; ich habe dich bei deinem Namen gerufen; du bist mein!" (Jesaja 43,1)

Valentin Pfister
Student aus Karlsruhe

Johannes Oerding

Einfach nur weg

Abenteuer erleben. Neue Menschen treffen. Um die Häuser ziehen ...
Einfach nur weg sein. Heutzutage ist es für junge Menschen recht einfach, mit den Freunden unterwegs zu sein, die schönsten Städte Euro-
pas zu erkunden oder sogar für ein Jahr ins Ausland zu gehen.

Aber wieso will man fort? Natürlich gibt es immer die Optimisten, die
mit weiten Armen die Welt verbessern wollen. Aber sind wir ehrlich:
Der Normalfall ist eher, dass man es satt hat, dort zu sein, wo man
gerade ist. Es nervt. Es strengt an. Irgendwo anders, da muss es doch
schöner und besser und leichter sein.

Bei Johannes Oerding klingt das ziemlich deutlich durch: „Ich will grad
einfach nur weg, wo einfach alles einfach ist. Ganz egal. Ich will an
irgendeinen anderen Ort."

So ging es auch einem Jugendlichen, der wohl gerade seine Schule
beendet hatte. Zuhause war er immer nur der Kleine. Sein älterer Bruder hat sich immer groß aufgespielt und ihm wenig Luft gelassen. Die
Jobperspektive war auch nicht so glorreich. Er war ratlos. Und sein Vater war viel zu beschäftigt mit der Firma. Der hatte nie Zeit. Er spürte:
„Ich halt das nicht mehr aus. Ich muss hier raus." YOLO* eben. Also
besorgte er sich einen größeren Haufen Geld von seinem Vater und
haute einfach ab. Nach einer Weile, als das ganze Geld verprasst war
und das ständige Unterwegssein ihn nicht glücklich machte, da kam er
ins Nachdenken: „Was mach ich hier? Wo will ich eigentlich mit meinem
Leben hin?" Und er erinnerte sich an Zuhause. An seine Familie. An die
Firma seines Vaters. An die Sicherheiten, die er dort hatte. An das Positive, was er jetzt erst wieder sehen konnte. Er machte sich sehr traurig
und beschämt auf den Heimweg – seine letzte Überlebenschance?

Im Song kommt Johannes Oerding auch für einen kurzen Moment ins Nachdenken: „Ich will weg, bis ich weiß, was ich hier vermisse."

Ja klar. Wenn wir in Situationen feststecken, aus denen wir am liebsten abhauen würden, dann vermissen wir in der Regel etwas ganz Wichtiges. Meistens sind es ehrliche, tiefgreifende, liebevolle Beziehungen zu unseren Freunden und zu unserer Familie. Beziehungen, die uns Halt und Sicherheit geben. Beziehungen, die uns Heimat vermitteln.

Vielleicht ist es ja genau das, was Johannes Oerding vermisst: Das Gefühl von Heimat. Irgendwo dazuzugehören. Irgendwo willkommen zu sein. Irgendwo reinzupassen.

Der Jugendliche konnte das richtig krass erfahren. Denn sein Vater nahm ihn mit ganz weiten Armen wieder zu Hause auf. „Gott sei Dank bist du da. Ich habe dich so vermisst. Komm rein und sei wieder bei uns." Das tut doch gut, oder? Das ist Heimat.

Übrigens hat Jesus diese Geschichte erzählt (Lukas 15,11–24). Er wollte deutlich machen, wie GOTT in Wirklichkeit ist. Die Menschen sollten IHN in dieser Geschichte erkennen. ER ist wie dieser Vater, der seinen Sohn mit offenen Armen bei sich aufnimmt. ER ist wie dieser Vater, der Heimat gibt und Sicherheit schenkt und neue Perspektiven aufzeigt.

Wenn du das Gefühl hast „einfach nur weg" zu müssen, dann soll dir dieses Angebot nicht fremd sein: Komm zu Gott. Komm in seine Arme. Er gibt Heimat. Halleluja.

*Jugendsprache: you only live once

Andreas Gerlach
Jugendreferent
im Distrikt Ditzingen

Herbert Grönemeyer

Der Weg

„Jedes Ereignis, alles auf der Welt hat seine Zeit: Geborenwerden und Sterben, Pflanzen und Ausreißen, Töten und Heilen, Niederreißen und Aufbauen, Weinen und Lachen, Klagen und Tanzen, Steinewerfen und Steinesammeln, Umarmen und Loslassen, Suchen und Finden, Aufbewahren und Wegwerfen, Zerreißen und Zusammennähen, Reden und Schweigen, Lieben und Hassen, Krieg und Frieden." (Prediger 3,1–8)

Alles hat seine Zeit. Auch traurige Lebensabschnitte. Früher oder später erlebt sie jeder von uns. Schmerzlich müssen wir von einem geliebten Menschen Abschied nehmen. Genau diesen Abschied von seiner Ehefrau verarbeitet Herbert Grönemeyer in seinem Lied „Der Weg".

Bei den Zurückgebliebenen macht sich die Trauer um den Verlust eines guten Freundes, einer guten Freundin oder eines Familienangehörigen breit. Was bleibt, ist Ohnmacht und das Unverständnis, warum das Leben so kalt und hart sein kann. Der Tod zeigt uns Menschen die Grenzen und die Endlichkeit unseres Daseins auf. Wie im Film laufen immer und immer wieder die schönen Erinnerungen und die unvergessliche Momente mit dem Verstorbenen ab.

Wie sollen wir mit dem Thema „Tod" umgehen? Gerade als junger Mensch, wenn man in der Blüte des Lebens steht? Ständig davon zu reden – das kann es nicht sein. Das Thema totzuschweigen bringt uns aber auch nicht weiter. Wichtig ist, dass wir uns darüber klar werden, dass auch wir eines Tages gehen müssen. Ob jung oder alt. Ob wir nun wollen oder nicht. Da werden auch die besten Anti-Aging Produkte nichts daran ändern. Es ist eine persönliche Angelegenheit, bei der wir auch nicht den Telefon- oder Publikumsjoker wie bei Günther Jauchs Millionenshow wählen können. Was bleibt uns also?

Zuerst ist es wichtig, dass wir bewusst mit unserer kostbaren Zeit umgehen. Es gibt vieles zu entdecken. Vor allem die Gaben, mit denen wir das Leben anderer bereichern können. Beschenken können ist ein riesiges Privileg, das zufrieden und dankbar macht. Dankbarkeit gilt wiederrum als Schlüssel zum Glück und landet nicht umsonst in sämtlichen Lebensratgebern in den vorderen Rängen. Jeder Atemzug und alles, was wir erleben dürfen, ist ein Geschenk.

Als nächstes sollten wir uns mit der Frage beschäftigen, was uns nach dieser Zeit hier auf Erden erwartet. Das Projekt „Leben" ist nicht unser eigenes Projekt. Gott hat es uns geschenkt. Er wünscht sich Gemeinschaft mit uns Menschen, auch über den Tod hinaus. Die Bibel spricht davon, dass hierfür eine klare Entscheidung für oder gegen Gott nötig ist. Das heißt nichts anderes, als dass ich mein Leben bewusst mit Gott verbringe und mir eingestehe, dass ich seine Vergebung nötig habe. „Denn alle haben gesündigt und erlangen nicht die Herrlichkeit Gottes." (Römer 3,26)

Der Tod mag uns vielleicht von geliebten Menschen trennen, aber von der Liebe Gottes kann er uns nicht trennen (Römer 8,38–39). Diese Liebe ist es, die uns Kraft und immer wieder neue Hoffnung schenkt. Sie tröstet und stärkt uns, gerade beim Trauern.

Gott freut sich, wenn er uns als „Partner fürs Leben" zur Seite stehen kann. Er hilft uns, loszulassen und neuen Mut zu finden, um unsere Lebensreise fortzusetzen.

Emanuel Reiter
Singer/Songwriter
aus der Schweiz

Haftbefehl

Chabos wissen, wer der Babo ist

Beim ersten Hören des Liedes versteht man wohl kein Wort davon, was Haftbefehl rappt. Und wenn man etwas versteht, dann sind es nur Ausdrücke, welche sich Nachwuchsgangster am Busbahnhof an den Kopf schmeißen, wenn sie aus Versehen, beim Verteilen des Speichels auf den Boden, die neuen Air-Max-Schuhe der „Homies" treffen.

Zugegeben, Haftbefehl wird vom Goetheinstitut keinen Preis für seinen geistreichen Text bekommen, jedoch macht er Musik, welche von mehr als einem Azzlack („asoziale Kanacken", wie sich die Hörer von Haftbefehl selbst nennen) gehört wird. Man sollte wissen, dass der Straßenrap voller Humor ist und man nicht alles eins zu eins übertragen, sondern eher mit einem Augenzwinkern sehen sollte (oder einem zugeschwollenen Auge der letzten Schlägerei). Deshalb lasst uns nicht die Augen und Ohren verschließen. Versuchen wir stattdessen genauer zu verstehen, was es in diesem Lied zu hören gibt.

Schon in der Hook (wie der coole Rapper zum Refrain sagt), stößt der Deutschlehrer an seine Grenzen. Chabos? Babo? Was hat die Jugendsprache sich da wieder ausgedacht ... ? Die Jugendsprache, welche Hafti hier verwendet, ist stark von der türkischen Sprache eingefärbt. Babo kommt hierbei von Baba, wie Kleinhafti seinen Papa nennt. Chabos sind die kleinen Jungs, die noch nicht geschlechtsreif sind und vor der Haustüre ihre Hood (Gegend) markieren.

„Chabos wissen, wer der Babo ist, Hafti Abi ist der, der im Lambo und Ferrari sitzt, Saudi Arabi money rich."

Hafti Abi? Abi ist nicht das Abitur, von dem Hafti weit entfernt ist (kein Schulabschluss), sondern die türkische Bezeichnung für Bruder. Mit „Saudi Arabi money rich" ist wohl der Reichtum gemeint, mit dem der coole Rapper gerne prahlt (auch wenn er keinen Reichtum vorzuweisen hat).

Da die Entschlüsselung des kompletten Textes von Haftbefehl noch Stunden dauern würde und führende Wissenschaftler von Scotland Yard noch bei einigen Worten im Unklaren sind, lasst uns bei der ersten Line (wie der coole Rapper zu einer Textzeile sagt) bleiben.

„Chabos wissen, wer der Babo ist, Hafti Abi ist der, der im Lambo und Ferrari sitzt, Saudi Arabi money rich."

Kleine Jungs wissen, dass Haftbefehl also der Papa ist, ebenso aber auch der Bruder, welcher so reich ist, dass er einen Lamborghini und Ferrari hat.

Papa und gleichzeitig Bruder? Das kommt mir doch irgendwie bekannt vor! Nicht nur zur Mittagszeit bei RTLII kann man so ein Szenario erleben, sondern auch in der Bibel.
Der Vater (Babo) im Himmel will genau wie dein Bruder an deiner Seite leben und mit dir durchs Leben gehen. Du musst ihm nur deine Hand reichen und in deinem Kopf sagen: „Ja, komm in mein Herz."

Der Vater im Himmel hat sogar noch mehr Reichtum für dich, als nur einen Ferrari und Lambo. Er wartet mit seinem Reich nach dem Tod im Himmel auf dich. Mach dir einfach klar, wer für dich wirklich der Vater ist und lass dir ein paar Kleinigkeiten aus der Bibel sagen. Schon hast du den Vater wie einen Bruder an deiner Seite und ihr werdet einiges erleben.

Lasst uns also Chabos sein und wissen, wer für uns Babo im Himmel ist! Amen.

 **Kilian Gröppel**
aus Frickenhausen
Rapper bei „Vocal Prayerz"
und Erzieher

Kris feat. Dante Thomas

Diese Tage

Sommer, Sonne, Strand. Coole Leute und jede Menge Spaß. Einfach dein Ding durchziehen und dein Leben in vollen Zügen genießen. Klasse Vorstellung. So muss richtig gutes, erfülltes Leben sein, oder?!

Wie oft hast du dir schon gesagt: Ab heute zeig ich allen, dass ich es drauf habe. Ich lasse allen Mist hinter mir und mach's jetzt richtig! Und dann kommt der fiese Punkt, an dem du gerade noch im Sonnenschein standest und plötzlich das Gewitter über dir losbricht und dein Selbstbewusstsein wegspült. Oder diese dunklen, grauen Alltagswolken sich wieder in dein Leben schleichen und alles trist und mühsam wird.

Wie kann Kris, der Gitarrist von Revolverheld, dann behaupten: „Ich liebe diese Tage, egal wie scheiße es war"?

Er wollte nicht noch ein melancholisches Lied schreiben. An diesem Sommertag versuchte er die Leichtigkeit des Lebens einzufangen, die uns hilft, nicht alles so negativ zu sehen.
Sein Fazit: Egal wie scheiße es war, jammere nicht rum und häng alten Zeiten nach, sondern genieß dein Leben hier und jetzt. Dreh voll auf und mach das Beste draus. Liebe dein Leben, es ist schön!

Mit dieser Meinung ist Kris nicht alleine. Schon vor über 4.000 Jahren hat König David es so ausgedrückt:

„Meine Gedanken sind voller Freude, mein Herz tanzt und groovt denn mein Körper ist sicher in dir, er folgt deinem Ruf. Du lässt mich nicht im Stich. Auf dass ich nicht untergeh, lehrst du mich das wahre Leben in krasser Freude, egal, wo ich steh!"
(Psalm 16,10+11 – Volxbibel)

Doch auch bei David lief nicht immer alles rund. Er hatte einige Fehlschläge erlebt. Der Versuch, sein Leben selbst in die Hand zu nehmen und das Beste daraus zu machen, führte zu so einigen Katastrophen. Wie konnte David dann trotzdem davon singen, dass er diese Tage liebte? David hatte zwei Dinge gelernt:

1.) Im Gegensatz zu Kris wusste er, dass er nicht allein dafür verantwortlich war, alles neu und besser zu machen. David hatte Gott an seiner Seite, der das Beste für ihn bereit hielt. David durfte die Sorge, dass sein Leben gelingt, bei Gott abladen.
2.) Das Leben ist nicht immer Chillen & Sonnenschein. Nicht alles, was David erlebt hatte, musste er schön finden. Er kam vom Regen in die Traufe und zweifelte an sich und seinem Leben. Trotzdem verlor David seine Hoffnung nicht.

Das Coole am Leben mit Gott ist: Selbst wenn du keine Sonne mehr siehst, wenn deine ganze Hoffnung zerstört wurde und du dich absolut einsam fühlst, dann ist Gott da, wie ein Leuchtturm im Sturm. Er lässt dich nicht hängen. Gott half auch David aus dem Schlamassel, nachdem der sein Leben an die Wand gefahren hatte.

Deshalb konnte David wie Kris singen: „Ich liebe diese Tage, egal wie scheiße es war." David hat gewusst, wenn er Gottes Ruf folgt, dann wird selbst am Ende alles gut und nicht mal der Tod kann ihn von Gott trennen.

Die Geschichte mit Gott und uns Menschen hat eine himmlische Perspektive. Irgendwann wird Gott alles Schlechte, das, was uns runterzieht, in dieser Welt auslöschen. Dann können wir unser wahres Leben im Sonnenschein genießen. Noch ist es nicht so weit, aber Gott ist da. Er hilft uns, dass unser Herz immer wieder tanzt und groovt und wir singen können: Ich liebe diese Tage.

Marlene Gruhler
Nürnberg
CVJM Sekretärin Musik & Junge Erwachsene
im CVJM Gostenhof

Max Herre

Fühlt sich wie fliegen an

Wieso heißt es „es fühlt sich wie fliegen an"? Wer schon einmal geflogen ist, wird Fliegen nicht immer nur mit einem guten Gefühl verbinden. Turbulenzen in 10.000 Meter Höhe bei schlechtem Wetter machen es einem schwer, den Flug zu genießen. In dieser Situation wünscht man sich meistens an einen anderen Ort, der weniger bedrohlich erscheint. Fliegen hat aber auch schöne Seiten. Zum Beispiel der Moment beim Start, wenn die Räder den Boden verlassen und man spürt, dass das Flugzeug tatsächlich fliegt und einen trägt.

Max Herre spricht von Liebe, die einen federleicht und schwerelos macht. Er lässt sich in einen anderen Menschen hineinfallen, weil er davon ausgeht, dass er aufgefangen wird, nicht enttäuscht wird und er von dem anderen Menschen getragen wird. „So leicht soll Liebe sein!" Eigentlich ja! Liebe unter den Menschen sollte so leicht sein, dass man sich fallen lassen kann. Ohne Angst dabei haben zu müssen, dem Erwartungsdruck nicht standhalten zu können. Es ist ein unheimlich schönes Gefühl, wenn man von einem anderen Menschen Rückhalt erfährt. Wenn man merkt, dass die Freundschaft trägt. Aber was ist, wenn es doch einmal geschieht? Was ist, wenn man doch enttäuscht wird? Was ist, wenn der, der einen eigentlich auffangen sollte, selber gerade am Fallen ist?

Für einen Piloten gibt es nichts Bedrohlicheres, als wenn der Auftrieb fehlt und es unkontrolliert nach unten geht. Fliegen fühlt sich nur so lange gut an, bis die Gesetzte der Schwerkraft einen einholen. So denke ich, ist es mit der Liebe, mit dem Beruf, mit Freundschaften, mit dem Leben in all seinen Facetten. Manchmal fühlt es sich wie fliegen an, manchmal geht es aber im Sturzflug bergab und manchmal schlägt man sogar sehr hart auf dem Boden der Tatsachen auf.

Es gibt eine Sehnsucht in uns Menschen, schwerelos zu sein. Frei zu sein von allem, was uns nach unten zieht. Aber hier auf der Welt gibt es das leider nicht. Es wird immer wieder Momente und Situationen im Leben geben, wo man enttäuscht wird. Es geht mal aufwärts und es geht auch wieder abwärts. Aber es geht immer vorwärts.

Meine feste Überzeugung ist, dass wenn du Gott an deinem Leben teilhaben lässt, wenn du ihm das zweite Steuerruder in die Hand gibst und ihr beide als Pilot und Copilot fliegt, dann musst du das Leben nicht alleine meistern. Wenn man Dinge gemeinsam macht, dann kann man sich auch gemeinsam darüber freuen und wenn Dinge schwer erscheinen, dann wirken sie gemeinsam nicht so groß. Du kannst dich darauf verlassen, dass du in jeder Situation einen neben dir sitzen hast.

Im Flugzeug sitzen zwar zwei Piloten, aber es fliegt immer nur einer. Es ist der sogenannte „Pilot flying". Ihr seid beide gleichberechtigt. Aber nicht gleichzeitig am Steuer. Das hat den Vorteil, dass du dich auch mal ausruhen kannst und nicht alles alleine meistern musst. Und wenn du denkst, dass Gott gerade eine ziemlich beknackte Route fliegt, dann flieg das nächste Mal außen herum. Aber wenn sich im Nachhinein herausstellt, dass sie gar nicht so schlecht war, weißt du, warum du nicht alleine fliegen solltest. Viel Spaß beim Fliegen.

Markus Vogler
Sozialpädagoge
aus Weinstadt

laut stark ②

Christina Stürmer

Millionen Lichter

Frederic, 14 Jahre alt, geht noch zur Schule. Mathe, Physik und Musik sind seine Lieblingsfächer. Darin ist er saugut und so sammeln sich die Einser in seinem Zeugnis. „Eine Gabe hast du da!", sagt seine Oma immer. Aber manchmal würde er diese Gabe gerne gegen gute, bzw. echte Freunde eintauschen. Denn was seine Oma nicht sieht, ist, wie er sich in der Schule fühlt. Seine guten Noten führen eher zu Sprüchen wie „Streber" statt zu coolen Pausenaktionen mit seinen Mitschülern. Seine positive Einstellung zum christlichen Glauben ist dann noch das i-Tüpfelchen. Sein Glaube fühlt sich manchmal peinlich und ganz unpassend für ihn an.

Frederic erlebt zwei Welten. Im Jugendkreis erlebt er Gemeinschaft und Zugehörigkeit. Hier spielen sie gemeinsam, tauschen sich aus und erleben echte Gemeinschaft. In der Schule dominieren eher Gefühle wie Einsamkeit und Abstoßung. Der Jugendkreis gleicht einem lebendigen farbenfrohen Sofa, die Schule eher einem einsamen grauen Stein. Beide Lebenswelten bilden zusammen ein Karussell der Gefühle, das sich immer weiter und schneller dreht.

Christina Stürmer singt genau von solchen Karussell-Menschen. Sie nennt sie Sterne, die oft bedrückende Gefühle haben. Sterne, die eine innerliche Leere spüren. Ein Gefühl, als wäre das Leben verbraucht.

Gibt es auch Momente in deinem Leben, in denen du dich leer und verbraucht fühlst? Situationen, in denen alles viel zu schnell unwirklich scheint und du dich lieber in eine Kiste verkriechen würdest statt auf der Straße einen Regentanz zu tanzen? Dich lieber zurück ziehen willst statt auf einer Party mit anderen zu quatschen? Lieber daheim bleiben und dich unter die Decke verkriechen statt in die Schule zu gehen?

Fühlen wir uns nicht alle manchmal wie einsame Sterne in dieser Welt, die eher vor sich hin glühen statt hell leuchten?

Jesus spricht: „Du bist das Licht der Welt." (Matthäus 4,15) Nicht: „Du bist ein einsamer Stern, der vor sich hin glüht." Jesus weiß, dass es manchmal im Alltag schwer ist. Vor allem mit unseren christlichen Einstellungen und unserem Glauben. Er selbst hat diese Abstoßung und das „Herabsehen" doch selbst gespürt. Und genau deswegen sagt er zu uns: „DU bist das Licht der Welt." Er sagt nicht: „Evtl. könntest du ab und zu ein bisschen mehr leuchten als glühen." Nein es sagt: „DU bist es." Egal, was die Anderen von dir denken.

Ok, wir haben nun erkannt, dass wir das Licht der Welt sind, aber dass hilft Frederic jetzt nicht so recht weiter. Er fühlt sich immer noch alleine in der Pause auf dem grauen Stein.

Jetzt kommt Christinas Lied noch mal zum Einsatz und ergänzt diesen wunderbaren Vers. Christina zeigt in ihrem Lied, dass es Millionen Lichter in dieser Welt gibt. Millionen Gesichter mit unterschiedlichen Geschichten. Farbenfrohe unterschiedliche Menschen, die in dieser Welt leuchten. Sehen wir sie denn nicht?

Was heißt das für Frederic, dich und mich? Suche dir einen anderen Sterne und fangt gemeinsam an, euch gegenseitig zu prägen, euch gegenseitig zu helfen und zu unterstützen. Damit nicht jeder vor sich hin glüht, sondern damit ihr als Sterne in dieser Welt leuchtet.

Vassili Konstantinidis
Arbeitet bei netzwerk-m
als Referent
für Freiwilligendienste

laut stark 2

Demon Hunter

Dead flowers

Manchmal kommen sie wieder: Erinnerungen, Gedanken an Menschen, die uns etwas bedeutet haben – gute Freunde, Familie, Geschwister oder Bekannte. Menschen, die Spuren in unserem Leben hinterlassen haben. Der Mensch, der Spuren in meinem Leben hinterlassen hat, ist nicht mehr da. Er ist tot und was bleibt, ist die Erinnerung und der Schmerz. Wie kann ich mit dem Verlust nur leben? Wie kann ich mit dem Schmerz umgehen lernen?

Wie geht es jetzt nur weiter? Von dieser Situation sprechen Demon Hunter in ihrem Lied „Dead flowers".

„Dead flowers for the torn apart, laid at the grave to heal a broken heart." Die toten Blumen auf dem Grab. Etwas Lebendiges aus der Erde gerissen. Fast schon wie eine Opfergabe. Ein Opfer, um den Toten, den Freund, den Familienangehörigen wieder zurück ins Leben zu bringen. Wir sind hin- und hergerissen durch diesen Verlust. Doch die toten Blumen werden den Toten nicht wieder ins Leben zurückbringen. Die Blumen, aus der Erde gerissen und damit dem Tod geweiht, stehen als Zeichen dafür, dass es nicht in unserer Macht steht, über Leben und Tod zu entscheiden. Wie viel einfacher wäre es, wenn wir diese Macht hätten, oder?

„Let it rain until it floods." Lass die Trauer zu, denn sie gehört zu unserem Leben dazu. Paulus beschreibt das in 1. Timotheus 6,12 in einem Bild. Er spricht davon, dass er in seinem Leben den guten Kampf ge- kämpft hat. Einen Kampf, der gezeichnet war von Verlusten und Prob- lemen. Ein Kampf, der all seine Kräfte gefordert hat. Und doch hat er ihn am Ende gewonnen, doch nicht alleine. Auch mein und dein Leben ist so ein Kampf. Auf unserem Weg durchs Leben haben wir mit so vielen Dingen zu kämpfen. Mit Problemen in der Familie, der Schule, mit Freunden. Mit dem Verlust von guten Freunden oder dem Zerbrechen von Beziehungen. Wir wollen die Kontrolle behalten, doch nicht überall gelingt das. Doch den einen Kampf können wir nicht alleine gewinnen. Den Kampf um Leben und Tod.

„Let the sun breathe life once more. Reborn." So wie die Sonne allem auf der Erde, jeden Tag neu, Leben schenkt, so gibt es jemanden, der auch uns jeden Tag neue Hoffnung schenkt. Eine Hoffnung, die unserem Leben selbst dann einen Sinn gibt, wenn alles sinnlos scheint. Paulus hat diese Hoffnung nicht aufgegeben und das drücken Demon Hunter mit ihrem Lied aus. Gib die Hoffnung nicht auf. Der Tod ist nicht das Ende, er ist ein Neuanfang, denn es gibt mehr als dieses Leben für uns.

„Denn der Inhalt meines Lebens ist Christus, und deshalb ist Sterben für mich der Gewinn", so spricht Paulus im Philipperbrief. Mit dem Tod ist nichts zu Ende, nein, es beginnt etwas vollkommen Neues.

Jesus ist die Hoffnung, an der Paulus festhält. Jesus ist der Grund, wieso Paulus den guten Kampf in seinem Leben weiterführt. Jesus schenkte ihm und auch dir ein anderes, ein neues Leben. Ein Leben, das über den Tod hinausgeht. So wie die Sonne jeden Tag neu der Erde Leben einhaucht, so ist Jesus das Licht der Welt und haucht uns ewiges Leben ein. Er schenkt uns jeden Tag neue Hoffnung, in einem Leben, das manchmal so sinnlos scheint. Jesus, er schenkt dir ein neues Leben. Das ist der Gewinn, der größte Jackpot deines Lebens. Was für ein Leben dich erwartet, erfährst du, wenn du ein Leben in Jesu Hände legst. Lass Jesus dein Leben in die Hand nehmen und schau, wie er dir neues Leben, neue Hoffnung schenkt! Let Jesus breathe life once more – Reborn.

Tobias Rompf
Jugendreferent
im CVJM Münsingen

Samy Deluxe

Ego

Schon lustig irgendwie, dass der Rapper Samy Deluxe 2013 über genau dasselbe Problem singt, wie auch schon der Singer & Songwriter des Alten Testaments: König David!

Samy Deluxe singt in seinem Lied „Ego" folgenden Refrain:
„Hör ich lieber auf mein Ego – oder doch auf meine Seele? – Ich hör Stimmen in mir reden – so als ob ich schizophren bin. – Sie sind selten einer Meinung und erschweren mir so Entscheidungen – und ich fühl mich so allein und hilflos – im Kampf gegen mein Ego."

Auch David, der berühmte König des Alten Testaments, hatte große Probleme mit seinem Ego. Eines Tages sieht er vom Dach seines Palastes aus eine junge und schöne Frau beim Baden. Sie gefällt ihm so gut, dass er sich über seine Diener erkundigen lässt, wer sie ist und ob sie noch zu haben sei. Kurze Zeit später kommen seine Diener jedoch mit der ernüchternden Antwort zurück, dass die Dame Batseba bereits mit dem Soldaten Uria verheiratet ist.

David, der ein gottesfürchtiger Mann ist und sich in der heiligen Schrift bestens auskennt, weiß genau, was Gott jetzt von ihm fordert: „Lass diese Frau in Ruhe! Sie ist verheiratet und du darfst die Ehe nicht brechen, denn die Ehe ist mir heilig!"

Es wäre für David so leicht gewesen, richtig zu handeln, wäre da nicht diese andere Stimme in ihm gewesen. Diese flüstert ihm nun eindringlich genau das Gegenteil zu: „Schnapp dir Batseba! Du bist der König, du kannst alles haben, was du willst! Auch diese Frau kannst du haben!"

Gottes Wort gegen das eigene Ego.

Letztendlich siegt bei David sein Ego: Er lässt die junge Frau zu sich bringen und schläft mit ihr. Er begeht Ehebruch. Später, als sich herausstellt, dass Batseba durch David schwanger geworden ist, lässt dieser ihren Ehemann Uria durch eine List aus der Bahn schaffen. Er begeht Mord.

David rutscht von einem schlimmen Fehler in den nächsten. Dadurch, dass er nicht auf die gute Stimme, nämlich Gottes Rat, gehört hat, wird alles noch schlimmer und schlimmer. David wird diesen Fehler sein ganzes Leben lang bereuen.

Auch ich habe in meinem Leben schon sehr viele Fehler gemacht. In manchen Momenten wusste ich ganz genau, was Gott gerade von mir erwartet und trotzdem habe ich das Gegenteil davon gemacht. Im ersten Moment hat sich die Entscheidung gegen Gottes Willen und für mein Ego sehr gut und richtig angefühlt ... im Nachhinein musste ich aber schmerzlich einsehen, dass ich lieber auf Gott gehört hätte. Ich musste mit den Konsequenzen meiner falschen Entscheidungen leben und konnte es nicht mehr rückgängig machen.

Wenn Gott uns in manchen Situationen leise und unaufdringlich seinen Rat gibt, dann ist es gut für uns hinzuhören. Er will uns nichts verbieten oder uns Dinge madig machen. Er möchte uns schützen vor den Konsequenzen dummer Entscheidungen.

Zum Glück sind wir nicht alleine und hilflos im Kampf gegen unser Ego. Wenn wir so wie Samy beten: „Gott, bitte gib mir die Energie, bitte gib mir die Kraft, den Scheiß hier durchzustehn", wieso sollte Gott unsere Bitte nicht hören? Er liebt uns ohne Ende und möchte uns ja gerade in solchen Situationen helfen, in denen wir es schwer haben, unserem Ego zu widerstehen.

Biggi Voigt
Lehrerin aus Stuttgart

Wir sind Helden

Rüssel an Schwanz

Wenn dich jemand fragt, ob du etwas tust, nur weil alle es tun, was würdest du sagen? Vermutlich nein. Ich auch. Aber wenn ich ehrlich bin, dann muss ich an die fünfte Klasse zurückdenken. Da hab ich ganz vorne mitgemischt, als es darum ging, Witze über einen Jungen zu machen, nur weil er anders war, ein Außenseiter. Vielleicht gerade umso mehr, weil ich selbst als Ausländer auch von der Norm abwich. Das tut mir heute voll leid.

Anders herum: Manches macht man nicht, aus Angst man könnte sich blamieren. Wir kamen mal an den Baggersee und alles war verdreckt. Wir sind dann zum Kieswerk und haben ein paar Müllsäcke besorgt. Beim Aufsammeln seh ich etwas im Sand blitzen: ein nagelneues Handy! Der Junge, der es verloren hatte, rief später ganz aufgeregt seine eigene Nummer an und kam es abholen. Er hatte ne Flasche Wein von der Tanke dabei und bedankte sich tausendmal. Beim Weggehen drehte er sich um: „Warum haben sie eigentlich den Strand sauber gemacht? Wir fanden das cool, aber man traut sich irgendwie nicht, damit anzufangen."

Täglich läuft mein Spampostfach über mit Mails, die mir sagen, was gerade IN ist, welchen Trend man unbedingt mitmachen muss und was GAR NICHT GEHT. Welches Smartphone, welche Turnschuhe, welche Musik gerade KULT ist und welche SUPER PEINLICH. Peinlich finde ich es, wenn wir uns so beeinflussen lassen, dass wir andere als „peinlich" hinstellen und ausgrenzen, nur um uns darüber mit anderen zu verbrüdern – und das Konsumsrad anzuhamstern.

Dann mach ich das Fernsehgerät an und es geht überall scheinbar nur noch um ein Thema: GELD. „Wirtschaft, Wachstum, Gewinne" tönt es mir entgegen. Der Wohlstandshimmel hier, die Pleitehölle dort. Wir werden auf Wettbewerb und Angepasstsein hin getrimmt, ein Gegensatz oder ein unheilvolles Team? Gschäftlmacherei und Gleichschaltung sind das neue Ideal des Dichter-und-Denkerlandes. Wer viele LIKES möchte, der sollte auch sagen, was alle hören mögen. Versuche zu gefallen, mach dich immer zum Objekt der Beurteilung und definiere dich über deine Außenwirkung! Du bist was – viele – andere von dir denken und sagen. Sonst wirst du nicht gedisst, nein: du findest einfach nicht mehr statt.

Jesus sagt: „Der Weg zu Gott ist schmal." (Matthäus 7,14) Er stellte sich zu den Hilflosen und Ausgegrenzten: den Andersgäubigen, den „unwichtigen" Kindern, den Kranken und den verhassten Bonusbankern von damals. Wie hieß da letztens die Jahreslosung: „Meine Kraft ist in den Schwachen mächtig." (2. Korinther 12,9) Und was sagt Jesus zum Geld? „Trachtet zuerst nach Gottes Reich und seiner Gerechtigkeit." (Matthäus 6,33) Egal, wie man es drehn oder wenden möchte (manche „wortgetreuen" Ausleger sind hier besonders frei), es heißt nicht: „Arbeitet bitte bis zum Umfallen, bis ihr weder Freude an Gottes Geschenk des Lebens haben könnt, noch für das Recht seiner Geschöpfe und Schöpfung einstehen. Hauptsache, ihr habt den Kommerz angetrieben, meinetwegen dabei andere übervorteilt und die Landschaft verschandelt." Oder? „Ihr könnt nicht beiden dienen, Gott und dem Mammon." (Matthäus 6,24) Punkt. Und: „Maria hat das gute Teil erwählt." (Lukas 10,38) Es heißt ERWÄHLT! Die Muße für eine Gottesbegegnung fällt uns nicht mal so am Rande unserer Betriebsamkeit zu, sie erfordert eine Prioritätsentscheidung.

Was soll in deinem Leben wichtig sein und von wem lässt du dich leiten? Ich wünsche dir ein Leben in den Fußstapfen Jesu. Ein Elefant mit tausend Likes, so busy er auch sein mag, geht schwer durch ein Nadelöhr.

Mischa Marin
Sänger/Texter/Komponist aus Worms
www.mischamarin.de

Taylor Swift

You belong with me

Die zwanzigjährige Taylor Swift erhielt 2009 den MTV Musik Award für das beste weibliche Musikvideo. Sie setzte sich dabei gegen Musikgrößen wie Pink, Katy Perry, Lady Gaga und Beyonce durch. Es war eine riesen Überraschung und sie konnte ihr Glück kaum fassen. Überglücklich hielt sie die Trophäe in ihren Händen und begann mit ihrer Dankesrede. Doch plötzlich springt der Rapper Kanye West auf die Bühne, entreißt ihr das Mikro und schreit zum Publikum: „Beyonce hat das beste Musikvideo ever gedreht!" Taylor Swift bleibt sprachlos auf der Bühne stehen. Einige Zuschauer pfeifen, andere stehen auf und versuchen Taylor mit lautem Klatschen zu trösten. Die Fernsehkameras zeigen auf eine schockierte Beyonce. Schnell wird die Hymne laut gedreht und zwei Mitarbeiterinnen begleiten Swift von der Bühne.

Sprachlos – es gibt Momente im Leben, da werden wir von unvorhersehbaren Ereignissen überrascht. Uns fehlen die Worte und wir sind unfähig, angemessen zu reagieren. Später fallen uns viele gute Antworten oder Reaktionen ein. Im Moment des Geschehens sind wir sprachlos.

Kein Battle auf der Musikbühne, sondern eine Schlacht auf offenem Feld wird uns in der Bibel in 1. Samuel 17 beschrieben. Das Heer der Philister und die Soldaten Israels unter ihrem König Saul hatten sich zum Kampf aufgestellt. Ein einzelner Philister stellt sich den israelitischen Reihen entgegen. Goliath, ein groß gewachsener Mann von drei Meter Größe und einem Speer wie ein kleiner Baum. Er verspottet das Volk Israel und ihren Gott. Keiner wagt es, ihm zu widersprechen oder sich im Kampf, Mann gegen Mann, ihm entgegenzustellen. Jeden Tag wiederholt sich das Geschehen. Bis ein junger Mann mit Namen David im Heerlager der Israeliten erscheint. David ist ein mutiger Schafhirte.

Er hat es schon mit Bären und Löwen aufgenommen, um seine Herde zu beschützen. Er meldet sich als Freiwilliger beim König und tritt gegen den Riesen an. Nur mit einer Steinschleuder bewaffnet stellt sich David dem Krieger entgegen. Er vertraut darauf, dass der Gott Israels mit ihm ist und er durch seine Hilfe dem Spott ein Ende machen kann. Mit einem einzigen Kieselstein wird Goliath an der Schläfe getroffen und geht zu Boden. Jetzt sind es die Philister, die sprachlos und entsetzt dastehen. Goliath ist tot und die Philister ergreifen die Flucht. Gott schenkt David und dem Volk Israel den Sieg. Der Gott Israels steht zu seinem Wort und sorgt für Gerechtigkeit.

David macht diese Erfahrung auch später in seinem Leben. In vielen Psalmen wird beschrieben, dass Gott nicht schweigt, sondern durch Menschen seine Stimme erhebt und für Gerechtigkeit sorgt. Nicht nur zu Davids Gunsten!

Am Ende der MTV Veranstaltung wird Beyonce für den besten Song ausgezeichnet. Sie erscheint zusammen mit Taylor Swift auf der Bühne und überlässt ihr die Redezeit.

Daniel Pfleiderer
Geschäftsführender Jugendreferent
im Evangelischen Jugendwerk
Bezirk Tübingen

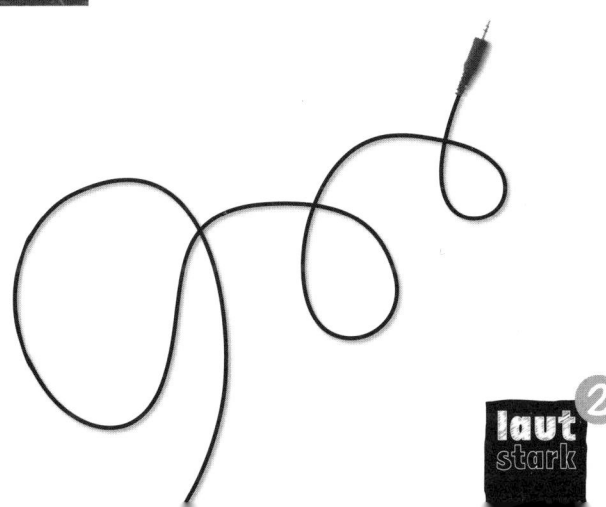

Eddie Vedder

Society

„Society you're a crazy breed. I hope you're not lonely ... without me."

„Gesellschaft, du bist eine verrückte Sache. Ich hoffe du bist nicht einsam ... ohne mich."

Kein Wunder, dass dieses Lied auf dem Soundtrack von „Into the Wild" zu hören ist. Genau wie in diesem Film geht es in dem Lied „Society" von Eddie Vedder darum, aus dieser Gesellschaft auszubrechen, die immer nur mehr von allem will.

Mehr Songs auf dem iPod, mehr Likes auf Facebook, mehr Dates, mehr Spaß, mehr egal was. Hauptsache mehr und am Besten möglichst schnell! Und das alles, um das Beste aus diesem Leben rauszuholen – man hat ja schließlich nur eins.

Aus demselben Grund schrieb Eddie Vedder dieses Lied und fragt, ob man nicht auch anders mehr Leben ins Leben bekommen kann.

Den Spruch „Weniger ist mehr" hat wahrscheinlich jeder schon mal gehört und auch in diesem Lied kommt er vor. Aber was das genau heißen soll, weiß irgendwie keiner.

Die Bibel hat ihre ganz eigene Idee vom „Weniger ist mehr"-Prinzip: Jesus genügt!

Einer für alles – Leben all inclusive – und darüber hinaus!

Denn Jesus sagt, dass er uns das Leben geben will und das auch noch im Überfluss (Johannes 10,10).

Mehr Wahrheit – mehr Gefühl – echte Freundschaft.

Das Leben als Christ ist ein Abenteuer. Ein Leben, in dem irgendwie noch mehr steckt, als zu erwarten ist.

Die Flucht aus der Gesellschaft, von der Eddie Vedder singt, bedeutet für den Hauptdarsteller in „Into the Wild", nach Alaska zu gehen, weg von allen Menschen. Eine Flucht in die Wildnis.

Für uns Christen heißt es, uns von den Lebensvorstellungen und Zwängen der Gesellschaft zu befreien. Nicht von allem, aber doch von manchem, das Gott sich anders gedacht hat. Es heißt, hinzugehen zu Jesus. Denn bei Jesus können wir die Kraft schöpfen, die uns unabhängig macht von den Zwängen der Gesellschaft. Auf den ersten Blick sieht es vielleicht so aus, als wäre er ein Spielverderber. Aber wir dürfen uns sicher sein, dass Jesus nur das Beste für uns will. Deshalb können wir uns darauf einlassen, Dinge anders zu machen und nicht bei jedem Trend blind mitzugehen.

Wo genau ich mich von der Gesellschaft lösen muss, das zeigt Jesus mir und jedem Einzelnen auf die Weise, die er versteht. Wenn ich mich darauf einlasse, dann kann ich nur wie Eddie Vedder abschließen:

„Society have mercy on me. I hope you're not angry if I disagree."

„Gesellschaft, sei gnädig mit mir. Ich hoffe, du bist nicht sauer, wenn ich dir widerspreche."

Matthias Reinbold
Student an der
Evangeslistenschule Johanneum,
Wuppertal

The Wanted

Walks like Rihanna

„She can't sing. She can't dance. But who cares: She walks like Rihanna."

Das Lachen von Peter steckt dich immer an. Wenn du ein Problem hast, gehst du zu Anna. Wie Fabienne es immer schafft, dir noch fünf Minuten vor einer wichtigen Klausur den Lernstoff in einer Minute zusammenzufassen, ist dir ein Rätsel. Wenn Max das Zimmer betritt, wird es zum Laufsteg und du kannst den Blick nicht von seinem Auftreten abwenden. Eine Packung schwarzen Humor gibt es von Lisa immer drauf: Und schon sieht eine schlimme Lage weniger schlimm aus.

Vielleicht gehst du gerade jetzt in deinem Kopf die vielen Menschen durch, die dich faszinieren. Eigenschaften – und auch Talente, die du bewunderst. Vielleicht denkst du auch gerade: Alles klar, die haben alle irgendeine faszinierende Eigenschaft. Aber bin ich auch „faszinierend"?

Die britisch-irische Boygroup The Wanted singt in ihrem Song „Walks like Rihanna": „She can't sing. She can't dance. But who cares: She walks like Rihanna."

Diese Frage „But who cares?" (Aber wen interessiert das schon?) drückt etwas sehr Wichtiges aus: Eigentlich interessiert es keinen, was sie nicht kann: Sondern das, was sie kann und ausmacht, genau das interessiert!

Das Schlimme ist: Wir denken bei den Menschen um uns herum oft zuerst an deren positive Eigenschaften. Und wenn wir an uns selbst denken: Dann denken wir nur an unsere schlechten Seiten.

Wenn wir einen Blick in die Bibel werfen: Da denken wir auch zuerst an große Helden. Aber wenn wir genau lesen: Die Helden der Bibel waren auch nur Menschen. Gott musste zwischendurch äußerst viel Geduld aufbringen. Zum Beispiel David: Eine sehr faszinierende Person und ein großer Psalmen-Schreiber. Natürlich hat er auch Schlechtes getan. Und natürlich spielt das auch eine wichtige Rolle in der Geschichte Gottes mit uns. Aber es spielt nicht die Hauptrolle.

Denn: Wir sind nach Gottes Ebenbild geschaffen. Dazu müssen wir nur einen Blick in die Schöpfungsgeschichte in Genesis 1,31 werfen: „Und Gott sah an alles, was er gemacht hatte, und siehe, es war sehr gut." Sehr gut! Nicht nur „gut"!

Klar, dann kam natürlich auch noch der Sündenfall und es ist nicht mehr alles ganz so, wie es sein sollte. Aber das ändert trotzdem nichts daran, dass wir Kinder Gottes sind. Und wir alle faszinierende und tolle Eigenschaften und Talente in uns tragen, mit denen wir uns gegenseitig faszinieren.

Wen interessiert es schon, dass ich nicht singen und nicht tanzen kann? Naja, vielleicht kann ich auch nicht laufen wie Rihanna. Aber, Gott sei Dank, ist die Welt nicht auf diese drei Dinge beschränkt. Ich bin auf andere Weise faszinierend.

Und ich bin mir ganz sicher: Gott würde sich freuen, wenn wir die Faszination, die er in uns gelegt hat, auch für uns (!) endlich mal wieder neu entdecken.

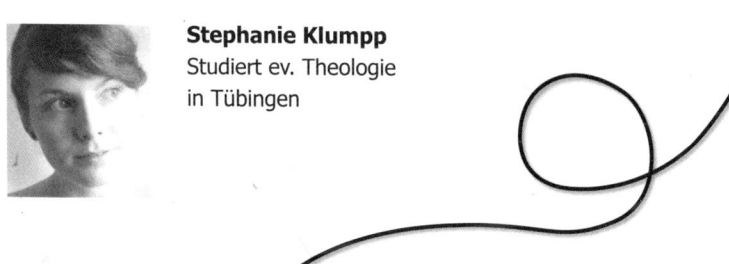

Stephanie Klumpp
Studiert ev. Theologie
in Tübingen

Emeli Sandé

Read all about it

Ein alter Spruch besagt: „Worte können töten!" Kriege starten nicht mit dem ersten Schuss aus einer Waffe, sondern durch Worte. Revolutionen beginnen mit Worten. Lange vor einer Scheidung sind es Worte, die diese verursachen.

Über Jesus sagt die Bibel: „Das schärfste beidseitig geschliffene Schwert ist nicht so scharf wie sein Wort." Auch unsere Erde, die Schöpfung, entstand durch die Worte Gottes. Worte sind mächtig, Worte befreien, Worte verändern und Worte verletzen!

Oft fällt es uns schwer, die richtigen Worte zu finden. Manchmal reden wir vielleicht auch zuviel und wünschen uns, dass wir dieses oder jenes nicht gesagt hätten. Aber trotz allem können Worte aufbauen, Liebe ausdrücken, Trost spenden, Anerkennung geben und ermutigen.

An der Bibelschule Tauernhof habe ich gelernt, das nichts ermutigender ist, als zu hören, wie Gott durch und in anderen Menschen wirkt. Deshalb ist das Teilen der eigenen Lebensgeschichte ein fester Bestandteil unserer wöchentlichen Kleingruppenabende, bei denen unsere Studenten aus aller Welt von Ihren Erlebnissen mit Jesus erzählen. Dies können große Wunder sein oder die kleinen Dinge des Alltags, in denen wir Gottes Führung erkennen.

Jesus sagt uns in den Psalmen, wie wichtig es ist, die eigenen Erfahrungen und Erlebnisse mit Gott anderen mitzuteilen: „Vom Glanz deines Königtums sollen sie reden und von deiner gewaltigen Macht, damit alle Menschen von deinen Taten hören, von der Herrlichkeit und Pracht deines Königtums!" (Psalm 145,10–12)

Es hängt überhaupt nicht davon ab, ob unser Leben perfekt ist, ob wir vermeintlich nur kleine Dinge zu erzählen haben, ob wir eine Gabe zum Reden haben oder ob wir Bibelverse theologisch perfekt auslegen können.

Wenn wir „JA" zu Jesus gesagt haben, dann lebt Er in uns, auch wenn wir uns gerade mal nicht danach fühlen. Er lässt uns Dinge tun und sagen, von denen wir vielleicht gar keine Ahnung haben, wie sehr sie andere ermutigt oder geholfen haben – und manchmal werden wir es nie herausfinden.

Die Bibel ist voll von Geschichten über Menschen, die sich selbst als zu unwichtig, zu unfähig oder zu jung sahen, um für Gott brauchbar zu sein. In Jeremia 1,7 und im 2. Mose 4,12 verspricht Gott, uns die richtigen Worte zur richtigen Zeit durch den Heiligen Geist in den Mund zu legen.

„Du hast das Potential, Worte zu sagen, die die Welt verändern, aber du beißt dir lieber auf die Zunge aus Angst etwas Falsches zu sagen. Wenn keiner deine Gedanken hört, verändert sich nichts! Du hast ein Herz wie ein Löwe, warum zähmst du deine Stimme? Du hast das Licht, die Schatten zu bekämpfen, warum versteckst du es?" (Frei übersetzt)

Wenn Du dich so verhältst wie Emeli Sandé es singt und dich von der Angst lähmen lässt, etwas Falsches zu sagen, hat Gott keine Chance, uns auf diese Weise als seine Werkzeuge zu gebrauchen.

„Meine Kraft ist in den Schwachen mächtig", sagt die Jahreslosung 2012 im 2. Korinther 12,9. Gott kennt uns besser als wir selbst und Er benutzt gerade unsere Schwachheit immer wieder aufs Neue um seine Größe zu zeigen.

Jesus ist bei dir und Er will Dich heute benutzen, genauso wie du bist! Trau Dich, denn du hast durch Ihn die Worte, eine Nation zu verändern!

Simon Brehmer
Software Engineer
aus Rohrdorf

Cro

Einmal um die Welt

(Baby, bitte mach dir nie mehr Sorgen um Geld)

Nur einmal. Wirklich. Nur ein einziges Mal wollte ich das machen. Und danach nie mehr. Ganz ehrlich. Es war aber auch zu verführerisch. Nur diese Woche und diese einmalige Chance. Letzte Woche habe ich doch tatsächlich etwas gemacht, was ich noch nie gemacht habe: Ich habe Lotto gespielt. Es waren aber auch 10 Millionen Euro im Jackpot. Und dann saß ich Samstagnacht zitternd vor dem Fernseher, als die Lottozahlen gezogen wurden.

Nun ja, mit den 10 Millionen ist es leider nichts geworden. Sonst würde ich diese Worte hier wahrscheinlich auch Cocktail schlürfend von einem Karibik-Strandsessel aus schreiben und nicht von meinem Bürosessel aus. Aber was hätte man mit 10 Millionen nicht alles anfangen können? Ein nagelneues Auto statt der Schrottkiste, mal Shoppen gehen ohne auf den Preis achten zu müssen, einen Riesenurlaub, nie mehr arbeiten müssen – ach ja und für eine wohltätige Organisation hätte ich natürlich auch noch was gespendet. Mit 10 Millionen könnte ich auch so locker wie Cro singen: „Baby, bitte mach dir nie mehr Sorgen um Geld."

Andernfalls finde ich das leichter gesagt als getan. Jeder braucht doch Geld. Wovon soll man sich sonst Essen kaufen? Klamotten? Das Ausgehen bezahlen? Und wenigstens ein paar Luxusartikel? Und meine Zukunft? Geld gibt doch Sicherheit. Und ein Mindestmaß an Sicherheit ist ja auch das, was jeder von uns braucht. Sicherheit ist auch das, was Geld uns verspricht. Deshalb: je mehr desto besser. Wenn aber Geld zur Sicherheit unseres Lebens wird, dann wird eins passieren: Wir werden anfangen, unser Leben danach auszurichten. Dann wird Geld über unsere Prioritäten bestimmen, darüber, womit wir unsere Zeit verbringen. Dann werden wir vom Gedanken beherrscht werden, immer mehr zu haben. Dann kann Geld zum Gott werden, dem alles geopfert wird: die Gesundheit, Familie, Freundschaften und Beziehungen. Wenn Geld zum Gott wird, dann wird es zu einer Macht, die unser Leben bestimmt, der wir alles andere unterordnen und die letztlich zerstörerisch wirkt statt Sicherheit zu geben.

Wenn wir uns anschauen, was die Bibel zu Geld sagt, werden wir vielleicht erstaunt sein, dass sie das Geld an sich gar nicht als etwas Schlechtes bezeichnet, sondern nur die Geldgier (1. Timotheus 6,10). Sie warnt uns also gerade davor, Geld zu unserem Gott zu machen.

Jesus bittet seine Jünger in Lukas 12 Vers 29 deshalb: „Zerbrecht euch also nicht mehr den Kopf darüber, was ihr essen und trinken sollt! Mit solchen Dingen beschäftigen sich nur Menschen, die Gott nicht kennen. Euer Vater im Himmel weiß doch genau, dass ihr dies alles braucht. Sorgt euch vor allem um Gottes neue Welt, dann wird er euch mit allem anderen versorgen."

Jesus ermutigt uns, ihn zur Priorität unseres Lebens zu machen, weil nur er eine Sicherheit bietet, die wirklich trägt. Er ist das Fundament, auf das man wirklich bauen kann. Und gleichzeitig verspricht er uns eins: Wenn wir ihn und Gottes Reich zur Priorität unseres Lebens machen, wird er uns versorgen mit allem, was wir brauchen. Wer Jesus sein Leben zur Verfügung stellt, wird erleben, wie treu er sich an seine Versprechen hält.

Mit Jesus als Priorität und Sicherheit meines Lebens muss ich samstagnachts nicht zitternd auf die Lottozahlen warten, denn dann habe ich den Jackpot schon längst gewonnen.

Damaris Binder
Jugendreferentin
beim Offenen Abend
Stuttgart

Billy Talent

Fallen leaves

Rastlos, haltlos, ziellos. Manchmal treiben wir vor uns hin, ohne genau zu wissen, wohin die Reise geht. Warum das so ist – ehrlich gesagt keine Ahnung – aber auch mir geht es manchmal so, dass ich mitten im Alltag aufwache und mich frage: „Was machst du da eigentlich gerade?"

In dem Song „Fallen leaves" von Billy Talent geht es der Person ähnlich. Einfach mal weg, ohne Ziel, auf der Suche nach irgendwas, das es hier zu Hause nicht gibt. Hilflos und verloren in einer kleinen verkommenen Stadt, wo die Blätter von den Bäumen fallen und nie wieder gefunden werden.

Die Ausgangslage scheint eher trostlos. Man weiß nicht genau, wohin er eigentlich will. Was für Ziele er hat und schon gar nicht welcher Sinn hinter all dem steckt. Die Person in dem Song ist wie ein Getriebener, der versucht, sich an irgendetwas festzuhalten, aber nichts gibt ihm wirklichen Halt. Er ist auf der Suche – aber wonach eigentlich?

Manchmal geht es mir ähnlich, wie es hier beschrieben wird, und es gibt sie ja wirklich, diese Tage ohne Sinn und Ziel. Da frag ich mich dann auch, was das hier eigentlich alles soll? Warum geht es ausgerechnet immer nur mir so mies, und warum passieren immer nur mir so dumme Fehler? An solchen Tagen würde ich am liebsten verschwinden und auf Nimmerwiedersehen sagen.

Aber das Leben besteht nicht nur aus solchen Tagen. In meinem Leben sind sie sogar eher die Ausnahme. Vielleicht habe ich ja irgendwie besonders viel Glück. Vielleicht kommen diese Tage ja auch noch. Natürlich weiß ich nicht, was noch alles auf mich zukommt und auch ich kenne die Erfahrungen von Plan- und Ziellosigkeit. Da stelle ich mir auch die Frage nach dem Sinn im Leben. Aber ehrlich gesagt glaube ich nicht, dass unser Leben wie „fallenden Blätter" ist, das ohne Sinn einfach so vorübergeht.

Du fragst dich sicherlich, woher ich das weiß. Nun, es ist mein persönlicher Eindruck, den ich vom Leben gewonnen habe. Und es sind die Erfahrungen mit Gott, die ich in meinem Leben schon gemacht habe. Gott ist einer, der das Leben liebt und deshalb auch uns Menschen liebt. Er liebt mich und er liebt auch dich. Er wünscht sich, dass wir in unserem Leben ein Ziel haben – eine Perspektive. Er will nicht, dass wir planlos umherirren und im Alltagstrott versinken. Deshalb wünscht er sich eine echte und spürbare Beziehung mit jedem Menschen.

Dass das so ist kannst du in der Bibel nachlesen. In Jeremia 31, Vers 3 steht: „Ich habe dich je und je geliebt, darum habe ich dich zu mir gezogen aus lauter Güte."

Gott ist voller Eifer und er brennt vor Liebe nach dir. Er zieht dich immer wieder zu sich, bzw. er versucht es zumindest. Aber manchmal sind wir mit anderen Dingen so sehr beschäftigt, dass wir es gar nicht merken. Und wir treiben rastlos, haltlos, ziellos einfach vor uns her.

Ob du dich von ihm in seine Nähe ziehen lässt liegt allerdings an dir. Ich will Dir Mut machen, dich auf Gottes Versprechen einzulassen und ihm zu vertrauen. Er will dir nahe sein und dich im Leben begleiten, damit es nicht irgendwann heißt: In einer verkommenen kleinen Stadt gingen sie verloren und wurden nie wieder gefunden – „Fallen leaves on the ground."

Daniel Paul
Jugendreferent
in Waiblingen

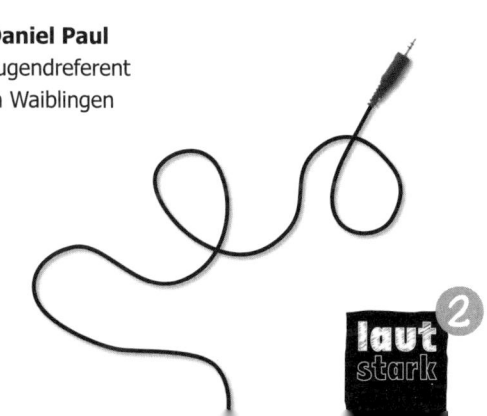

laut
stark 2

Philipp Poisel

Wie soll ein Mensch das ertragen?

Ist das auch deine Frage? „Wie soll ich das nur alles ertragen?" Rück-
schläge gehören zum Leben dazu. Das lernt man im Laufe der Zeit,
bzw. bekommt man es immer wieder zu hören. Doch wie man damit
umgehen soll, kann einem selten jemand sagen.

Was tun, wenn man einen lieben Menschen verliert? Wenn man
merkt, dass Gefühle einseitig sind? Wenn es in der Schule nicht läuft,
obwohl man lernt? Einem die Eigene Vergangenheit und familiären
Probleme zu schaffen machen? Was tun mit den eigenen Gedanken,
die einem sagen: „Du bist nicht schön!", „Du genügst nicht!", „Die
anderen sind gegen dich!"? Was tun? „Wie soll ein Mensch das alles
ertragen?"

Vielleicht kommt dir das bekannt vor. Das Leben läuft so vor sich hin,
all diese Gedanken prasseln wie ein heftiger Hagelschauer im Herbst
nur so auf dich ein und hinterlassen ihre Spuren. Was tun?

Viele Menschen ziehen sich in solchen Situationen zurück. Wollen alleine sein, igeln sich ein und versinken in Selbstmitleid und Trauer. Andere
hingegen gehen die Probleme offensiv an. Greifen zur Flasche – spülen
es runter. Versuchen, den Schmerz mit Drogen zu betäuben oder mit
dem schmerzhaften Schnitt einer Rasierklinge zu übertönen. Egal wie:
„Hauptasche der ganze Scheiß wird erträglicher!"

Bevor es soweit kommt – mache es anders. Verkopfe nicht zu sehr.
Schreibe Tagebuch. Suche dir jemanden, bei dem du dein Herz aus-
schütten und deinen Müll abladen kannst.

Im Alten Testament gibt es eine Geschichte, die erzählt wie über einen Menschen Unglück über Unglück hereinbricht. Sie handelt von Hiob. Er ist ein treuer Gottesmann (heute würde man sagen Christ) und wird, so sagt es die Geschichte, vom Satan versucht. Hiob verliert sein Vieh, seine Knechte und seine Kinder (Hiob 1,13–19). Er wird krank und schabt sich die Geschwüre auf seiner Haut, während er in Asche sitzt, um den Schmerz und Juckreiz zu lindern, mit einer Scherbe ab (Hiob 2,7+8). Trotz all des Unglücks hält Hiob an seinem Glauben an Gott fest, der ihm in seinem Leben schon viel Gutes getan hatte (Hiob 2,10). Wie bei einem guten (besten) Freund lädt Hiob all sein Leid bei Gott ab. Er klagt über das, was ihm wiederfahren ist.

Wo lädst du dein Leid ab? Gehst du zu deinem besten Freund, deiner besten Freundin? Schreibst du es in ein Tagebuch, versinkst du in Selbstmitleid oder greifst du sogar zu härteren Mitteln?

Was ist, wenn du es mal versucht wie Hiob? Was, wenn du Gott einfach mal dein Herz ausschüttest? Dazu brauchst du keine vorformulierten Worte! Nein! Gott versteht und erträgt alles, was du sagst und wie du es sagst. Du kannst es leise vor dich her flüstern oder laut rausschreien.

In Jesus ist Gott uns Menschen nahe gekommen. Er will uns auf Augenhöhe begegnen und interessiert sich für das, was uns bewegt, verletzt und manchmal bis zum Äußersten treibt. Wie Hiob haben wir die Möglichkeit, unser Leid und was uns bewegt bei ihm abzuladen. Er will uns Zuflucht bieten, wenn der Sturm des Lebens um uns herum am Toben ist. Bei ihm finden wir Geborgenheit und Schutz.

Psalm 91,1+2: „Wer unter dem Schirm des Höchsten sitzt und unter dem Schatten des Allmächtigen bleibt, der spricht zu dem Herrn: Meine Zuversicht und meine Burg, mein Gott, auf den ich hoffe."

Christian Bernard
CVJM Sekretär
im CVJM Allgäu

Lykke Li

I follow rivers

Wem oder was folge ich eigentlich? Den neusten Modetrends? Den Posts von Stars auf Twitter? Meinem Lieblingsverein zu jedem Spiel, egal ob daheim oder auswärts? Was bestimmt mein Leben?

Vielleicht hast du dir darüber schon oft Gedanken gemacht, vielleicht auch noch nie. Aber wer oder was verdient es, dass du alles stehen und liegen lässt? Deine besten Freunde, die Familie oder doch das neuste Smartphone? Wer ist es wert, dass ich ihm folge?

Es gibt vieles, wovon wir uns leiten lassen können. Sicher ist es nicht schlecht, Erfolg anzustreben, auf seinen Körper zu achten oder ein Vorbild zu haben. Aber wenn wir nicht aufpassen, dann sind es die falschen Dinge, die unser Leben bestimmen.

Wenn ich mich zu sehr von Noten und Erfolgen leiten lasse, definiere ich mich nur noch über meine Leistung. Nur wenn ich gut oder sogar der Beste bin, bin ich auch etwas wert.

Wenn ich immer nur Schönheitsidealen folge, werde ich überhaupt nicht mehr mit mir zufrieden sein können. Denn es geht immer noch ein Kilo leichter oder noch ein bisschen mehr an Muskeln. Vielleicht lande ich sogar irgendwann auf dem OP-Tisch und sehe bald nur noch aus wie eine dieser Hollywood-Puppen.

Und natürlich brauchen wir alle jemanden, dem wir nacheifern können. Aber wenn ich nur noch so sein will wie jemand anderes, wo kann ich dann noch ich selbst sein?

Was ist nun wirklich wert, dass es mein Leben bestimmt?

In der Bibel lesen wir von ein paar Kerlen, die alles stehen und liegen lassen, um einem Mann zu folgen (nachzulesen in Matthäus 4,18–22).

Ist das verrückt – oder kopflos? Vielleicht. Aber sie waren fasziniert von diesem Mann und dem, was er zu sagen hatte. Sie konnten nicht anders und haben das Abenteuer ihres Lebens erlebt.

Ist das nur eine Geschichte in einem alten verstaubten Buch? Nein! Denn auch wenn dieser Mann, von dem so viele fasziniert waren, vor 2.000 Jahren gelebt hat, kann er heute noch dein Leben bestimmen.

Ich durfte schon erfahren, dass es sich lohnt, wenn ich nicht irgendjemandem vertraue, sondern mich auf diesen Mann namens Jesus einlasse. Er hat nicht nur die Menschen damals fasziniert, sondern hat das bis heute immer wieder geschafft und so fasziniert er auch mich. Aber nicht nur, weil er viele gute Dinge gesagt und getan hat, sondern weil er heute noch am Handeln ist. Er spielt eine Rolle in meinem Leben und zeigt mir wo's langgeht. Nicht nur weil ich in der Bibel lesen kann, was er getan hat und wie er Leben lebt, sondern weil er durch den Heiligen Geist immer noch da ist und durch ihn wirkt. Er zeigt mir die Richtung, wie ein Fluss, der ins Meer fließt. Ich muss es nur wagen hineinzuspringen und mich auf das Abenteuer Jesus einlassen. Von ihm kann ich mich treiben lassen, weil ich weiß, dass er es gut mit mir meint.

Bei ihm muss ich mich auch nicht besonders anstrengen, keine Leistung bringen. Ich kann genau so sein, wie ich bin, ohne dass ich mich verbiegen muss.

Bei ihm kann ich ohne Probleme sagen: I will follow you. Wie sieht es bei Dir aus? Bist Du bereit für das Abenteuer deines Lebens?

Jasmin Blocher
Jugendreferentin
im Bezirksjugendwerk Sulz/N.

Rihanna

Stay

Schritt für Schritt verfolgt die Presse Rihanna – den sogenannten Paparazzi entgeht nichts. Ob sie bei ihrem Lieblingsitaliener an der Pacific Coast Highway sitzt und bei „Giorgio Baldi" ihre Spaghetti mit Tomatensoße isst oder ob sie gerade mal wieder mit Chris Brown eine erneute Versöhnung durchlebt, die Öffentlichkeit sieht alles. Ob sie Hasch raucht, betrunken ist, sich auf einer Party befindet oder in einer Ecke hängt. Auf Twitter folgen ihr über 26 Millionen und bekommen zeitnah mit, was sie gerade macht. Da kommen dann schon mal sehr private und intime Photos an die Öffentlichkeit. Sie lebt ihren Stil und trägt ihr Inneres nach außen, die Grenzen verschwimmen.

In letzter Zeit aber hat sowohl diese Selbstoffenbarung als auch ihre Verletzlichkeit zugenommen. Sie zeigte sich in Situationen, die wirklich alles andere als vorteilhaft waren.

Bei der Grammy-Verleihung 2013 soll Rihanna mit Spott überschüttet worden sein, sie wurde angebrüllt, wie sie Brown nur zurücknehmen konnte. Das Musikmagazin „Rolling Stone" schreibt: „Rihanna fühlte sich immer unbesiegbar, als könne sie alles tun und die Leute würden sie so oder so lieben, aber jetzt fühlt sie sich verletzlich und angegriffen."

„Stay" und der dazugehörige Videoclip zeigen die Sängerin von einer Seite, die man selten von ihr zu sehen bekommt – zerbrechlich und ohne Make-up. Ist es nur Show? Nur eine passende Inszenierung? Oder das wahre Gesicht, das Gesicht hinter der Marke Rihanna? Genau werden wir es nicht wissen, aber hier ein paar Worte aus dem Liedtext: „Ich möchte, dass du bleibst. Der Grund, weshalb ich daran festhalte, weil ich will, dass diese Leere verschwindet. Eigentlich bist du der Verletzte, aber ich bin die Einzige, die gerettet werden muss."

Rihanna kommt mir vor, als würde sie, trotz unvergleichlichem Erfolg, mit einer unbeschreiblichen Leere leben. Ihr Erfolg bescherte ihr bisher 12 Nummer-eins-Hits in sechs Jahren. Das ist die eine Seite. Aber auf der anderen scheint sie immer mehr ins Bodenlose zu stürzen. Eine glückliche und erfolgreiche Person sieht anders aus. Von den Medien gejagt, von ihren Fans vergöttert, aber innen erscheint sie leer. Kann ich das sagen? Nein, ich kenne sie nicht. Und ich will sie in keiner Weise verurteilen oder schlecht machen. Dennoch singt sie von dieser Leere. Im Lied meint sie die Leere, die sie verspürt, weil sie verlassen wird und der Trennungsschmerz sie quält. Sie empfindet, dass sie gerettet werden muss. Ein Aufschrei, ein zaghafter Hilferuf.

Ich bin mir sicher, dass Gott diesen Ruf wahrnimmt. Selbst wenn es bei Rihanna vielleicht nur inszeniert ist. Er hört jeden Ruf, auch den eines Weltstars. Sei es aus Einsamkeit und weil Hilfe benötigt wird oder auch nur, weil es gut zu einem Lied passt. Gott nimmt jeden genauso wahr, ob Weltstar oder nicht. Er hört jedes noch so kleine Rufen oder Anklopfen und keine Suche bleibt ihm verborgen. Was für ein Gott! Er ist nicht zu groß, nicht zu beschäftigt und nichts ist IHM unwichtig.

Egal wo DU dich gerade befindest, egal ob du erfolgreich nach außen oder hoffnungslos nach innen bist. Er sieht dich, kennt dich und weiß nicht nur, wie es um dich steht, sondern kümmert sich um dich.

Lies doch dazu Psalm 139,1ff und lass dich durch diesen Psalm Davids ermutigen! In Vers 11 und 12 steht z. B.: „Wünschte ich mir: ‚Völlige Dunkelheit soll mich umhüllen, das Licht um mich her soll zur Nacht werden!' – für dich ist auch das Dunkel nicht finster; die Nacht scheint so hell wie der Tag und die Finsternis so strahlend wie das Licht." David beschreibt hier, wie er nur noch weglaufen wollte, sich nur noch in der Nacht verstecken wollte und erfahren hat, dass Gott dennoch da war und auf ihn aufgepasst hat. Das ist doch echt stark, oder?

Markus Eichler
Jugendreferent
in Dettingen unter Teck

The Script

If you could see me now

„If you could see me now", „wenn du mich jetzt sehen könntest". Wann hast du diesen Satz das letzte Mal gedacht oder gesagt? War es, als du das entscheidende Tor geschossen hast oder als du die letzte Prüfung bestanden hast? Oder war es vielleicht in einer Situation, in der du Liebeskummer hattest und wolltest, dass dein Schwarm sieht, wie sehr es dich verletzt?

Ganz egal, wann du es das letzte Mal gedacht hast und ganz egal, ob du glücklich oder traurig warst, du hast dabei immer an eine bestimmte Person gedacht, die gerade nicht da war oder die möglicherweise nie mehr da sein wird. Fragt man sich in diesem Moment nicht auch automatisch, was die Person wohl über dich oder die Situation denken würde?

Ähnlich geht es auch dem Sänger dieses Liedes. Er singt davon, wie sehr er sich wünscht, dass seine Eltern, die gestorben sind, ihn nun sehen könnten. In diesen Momenten, wenn er glücklich ist und auf den Bühnen der Welt steht. Und die Person fragt sich, was seine Eltern wohl zu dem Leben sagen würden. Wären sie stolz oder würden sie sich schämen? Würden sie das Leben kritisieren oder hinter ihm stehen?

Zwei Gedanken möchte ich euch mit auf den Weg geben. Der erste Gedanke ist, warum singt der Sänger „If you could see me now", „wenn du mich jetzt sehen könntest"? „Könntest" – das klingt so unsicher. Fragt er sich, ob seine verstorbenen Eltern ihn sehen können. Was denkst du, wo seine Eltern oder generell Verstorbene sind?

Das Lied gibt darauf sowas wie eine Antwort. „I hope you're up there with God saying that's my kid." „Ich hoffe, dass du da oben bei Gott bist und zu ihm sagst ‚Das da unten ist mein Kind'."

Aus dem gerade noch unsicher Klingenden wird hier etwas Konkretes, nämlich eine Vorstellung, eine Hoffnung. Die Hoffnung, dass wir nach unserem Tod bei Gott sind, im Himmel. Ist das nicht eine tolle Vorstellung, im Himmel mit Gott, dem Schöpfer allen Lebens zu sein? Ich finde diese Vorstellung unfassbar schön und glaube auch, dass es so kommen wird und wir bei Gott sind.

Der zweite Gedanke ist die Frage nach dem „Was würdest du über mich denken". Diese Frage stellt man sich oft, wenn man sich wünscht, dass einen jemand sehen könnte. Aber wollen wir es wirklich immer wissen? Was, wenn unser Schwarm uns auslacht, wenn er uns so sieht? Was, wenn das Tor, das ich geschossen habe, jedes Kind verwandelt hätte? Wollen wir das dann wirklich wissen?

Wir denken viel zu oft darüber nach, was andere von oder über uns denken. Aber viel wichtiger ist es, sich ab und zu auch zu fragen, was Gott über uns und unser Tun denkt. Würde er gut finden was ich mache oder würde er mir später im Himmel sagen, dass ich damals anders hätte handeln sollen?

Frag ihn! Sprich mit ihm! Lass ihn Teil deines Lebens sein und sage ihm, wo du dir unsicher bist, wo du dich freust, wo du Hilfe brauchst und wo du etwas nicht verstehst. Sei mit ihm, wie du mit deinem engsten und besten Freund oder Vertrauten bist. Lass ihn Teil deines Lebens sein.

Du kannst dir sicher sein, dann wird Gott stolz im Himmel verkünden: „That's my kid!"

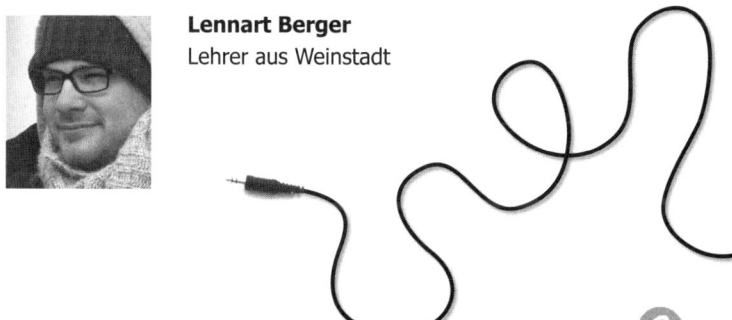

Lennart Berger
Lehrer aus Weinstadt

laut stark ❷

Prinz Pi

Kompass ohne Norden

Stell dir vor, es sind zehn Jahre seit heute vergangen. Am Wochenende steht ein Klassentreffen mit deinen alten Mitschülern an. Von vielen hast du schon lange nichts mehr gehört. Nach der Schule sind alle ihre eigenen Wege gegangen. Was ist wohl aus ihnen geworden? Was ist dann wohl aus dir geworden?

Bei einem Klassentreffen lässt man gerne alte Zeiten aufleben. Geschichten von früher werden wieder ausgepackt und man blickt zurück auf die vergangenen Jahre. Es ist viel passiert, es gibt viel zu erzählen. Und dann taucht meistens auch die Frage auf, was man bis jetzt alles erreicht hat: vielleicht ein Job, in dem man gut verdient, ein teures Auto, eine schöne Wohnung, die Heirat oder sogar Kinder. Das sind Dinge, an denen wir ein erfolgreiches Leben gerne messen. Und in diesen Dingen kann man sich auch wunderbar vergleichen.

In „Kompass ohne Norden" blickt Prinz Pi auf die zehn Jahre nach seinem Schulabschluss zurück. Beim Abschluss hatte der Rektor noch das Bild einer leuchtenden Zukunft gemalt. Prinz Pi's Fazit fällt aber deutlich düsterer aus. Frühere Freundschaften sind schnell verblasst, die Beziehung des ehemaligen Traumpaars droht jetzt zu zerbrechen, Erwartungen werden enttäuscht, der Tod tritt mitten ins Leben.

In der Begegnung mit einem alten Bekannten stellt Prinz Pi klar: Karriere, Geld, Frauen und die Befriedigung des eigenen Egos sind keine Ziele, die er im Leben verfolgen will. Da stellt sich die Frage: Für was lohnt es sich dann zu leben? Diese Frage bleibt offen. Auch seine früheren Idole haben Prinz Pi dafür keine Antwort mitgegeben: „Bob Dylan gab mir einst einen Kompass ohne Norden, so treibe ich verloren in ein unbekanntes Morgen."

Ein Kompass kann helfen, das Ziel zu erreichen. Die Nadel zeigt immer nach Norden, dadurch gibt der Kompass Orientierung. Er zeigt an, in welche Richtung man gehen muss, um sein Ziel zu erreichen. Ein Kompass, der nicht nach Norden zeigt, ist genauso hilfreich wie ein GPS-Gerät ohne Batterien.

Wir Christen glauben, dass die Bibel wie ein gut funktionierender Kompass für unser Leben ist. Wir können darin viele Erfahrungen entdecken, die Menschen mit dem Leben und Gott gemacht haben. Und wir können lesen, wie Gott selbst sich erfülltes Leben vorstellt:

„Der Herr hat dich wissen lassen, Mensch, was gut ist und was er von dir erwartet: Halte dich an das Recht, sei menschlich zu deinen Mitmenschen und lebe in steter Verbindung mit deinem Gott." (Micha 6,8 – Gute Nachricht Bibel)

Diese drei Punkte geben uns Orientierung. Sie sagen uns, auf was es im Leben ankommt: Gottes Gebote sind wie Richtungspfeile und Leitplanken, damit wir alle in Freiheit leben können. Sie zu halten heißt, sich für das Leben aller einzusetzen und Rücksicht aufeinander zu nehmen. Menschlich zu sein heißt, unseren Mitmenschen mit Liebe zu begegnen und eigene Interessen nicht auf Kosten anderer durchzusetzen. „Sei ein Mensch und kein Hai, Mensch!"

Und was kann erfüllender sein, als ein direkter Draht zu demjenigen, der uns geschaffen und das Leben erfunden hat? Da lohnt es sich dranzubleiben! Gott will, dass aus uns was wird. Er gibt uns, was wir zum Leben brauchen – auch wenn wir scheitern. „Zähl da drauf."

Tobias Radtke
Jugendreferent
im Kirchenbezirk Tübingen

Der Anhang

Genre-Übersicht

HIPHOP

POP

ROCK

SINGER-SONGWRITER

Künstler-Verzeichnis

Autoren-Verzeichnis

Bibelstellen-Verzeichnis

ALTES TESTAMENT

NEUES TESTAMENT